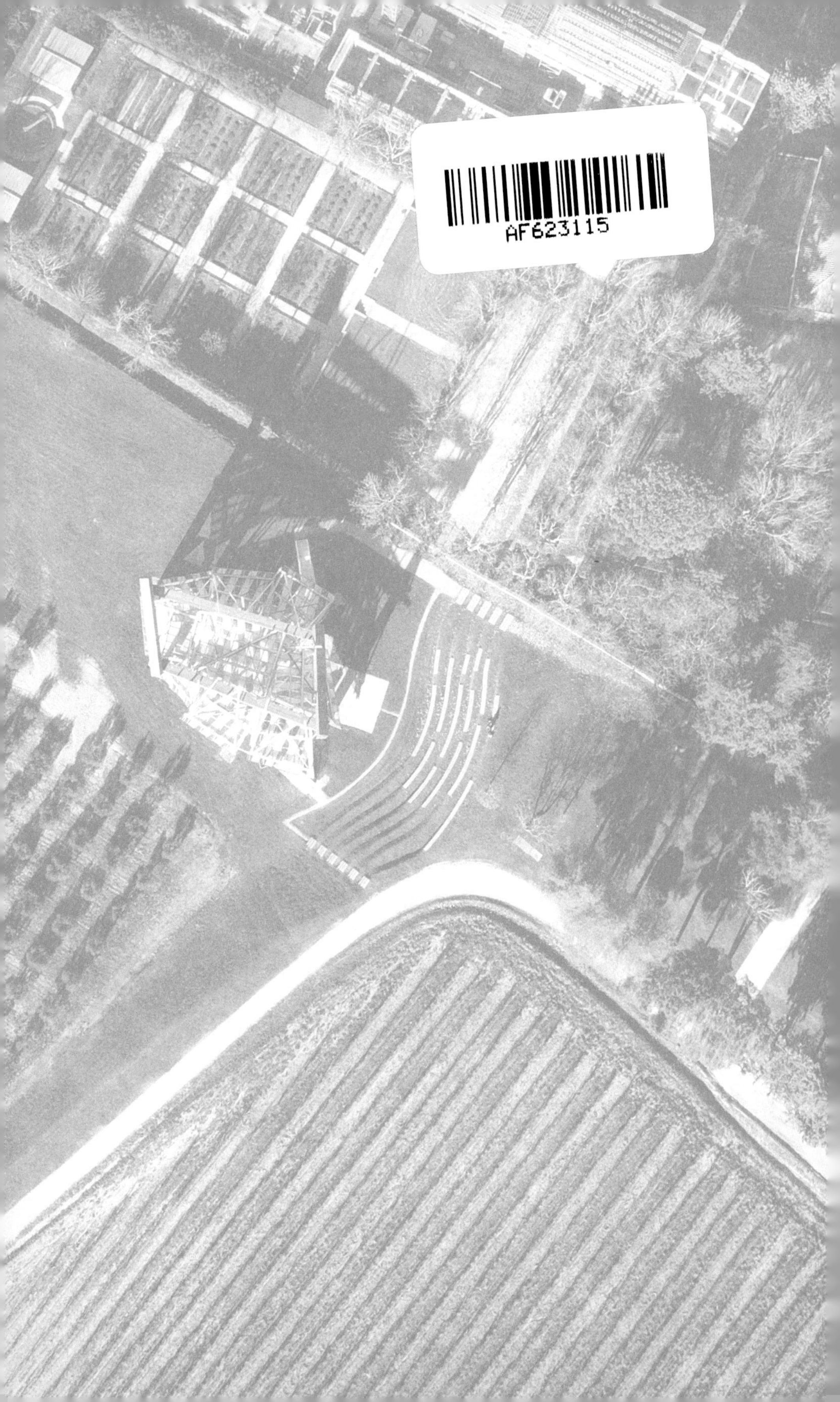

Cet ouvrage est publié à l'occasion de la naissance de l'œuvre *Mater Earth* au Château La Coste.
This book was published on the occasion of the birth of the artwork *Mater Earth* at Château La Coste.

Direction éditoriale / Editor • Anne-Sylvie Bameule
Création graphique / Art director • India Muël
Coordination éditoriale / Editorial coordination • Géraldine Dufournet, Sophie Lemaitre
Production / Production • Clara Coupez
Photogravure / Photoengraving • Caroline Lano, Terre Neuve
Correction / Correction • Lauranne Valette, Bronwyn Mahoney
Traduction / Translation • Frédérique Popet pour le texte de Bono / Frédérique Popet for Bono's text, Nancy Huston pour les extraits du *Journal de la création* / Nancy Huston for excerpts from *Journal de la création,* Lisa Davidson pour tous les autres textes / Lisa Davidson for all other texts

ISBN : 978-2-330-17596-2
www.actes-sud.fr

Ouvrage achevé d'imprimer en février 2023
par SEPEC, Péronnas - 08374221119
pour le compte des éditions Actes Sud
Le Méjan, place Nina-Berberova, 13200 Arles
Dépôt légal 1re édition : mars 2023
(Imprimé en France)

IMPRIM'VERT®

Prune Nourry

MATER EARTH

CHÂTEAU LA COSTE | ACTES SUD

préface

PAR BONO

Prune,

Je ne sais pas où nous sommes dans ce temazcal mexicain – et toi, tu le sais ?

Est-ce que je transpire ? Est-ce que je me niche ?

Qui est cette femme d'Amérique centrale avec le corps en bataille ?

Où peut-on lui trouver des milliers de briques de terre crue et cuite ?

Où pourrait-on lui trouver un cheval de trait pour l'aider à poursuivre son travail d'enfantement ?

Qui est cette femme dont les mamelons sont coulés dans du béton de terre ?

Regardez comme elle est vêtue d'un manteau d'argile et de chaux.

Sommes-nous tous essentiellement constitués d'eau ?

Et cette femme, est-ce notre mère dans laquelle nous flottons ?

Est-ce l'histoire de ses origines, ou la nôtre ?

Je sais que nous devons nous baisser pour sortir de ce monde.

Je sais que nous devons également nous courber pour y entrer.

Le voyage impossible est possible, mais il est hasardeux.

Comme le chameau qui passe par le chas de l'aiguille.

Dans les temps anciens, lorsque le riche marchand arrivait après la fermeture des portes de la cité, il devait, avec sa caravane, mettre pied à terre pour entrer par le judas toujours bien caché dans le mur, connu sous le nom de "chas de l'aiguille" – une aventure hasardeuse...

Nous abordons notre seconde naissance à genoux et à travers les siens.

Mater Earth
Une femme faite de lait
Je suis ici pour son secours
Je suis ici pour une sorte de renaissance
personnelle et politique
Régénération
Régurgitation
Réanimation
Régénérescence

Ce sont les femmes qui étouffent les hommes dans leurs cris de paix et de réconciliation.

Ce sont les femmes qui exigent un lieu plus responsable et plus durable pour élever leurs enfants.

J'ai eu un jour le privilège de demander au pape François quelle importance il accordait à l'éducation des filles dans la lutte contre la crise climatique...

"Eh bien, quand on parle de notre planète, on ne dit pas « Terre-Père »!", m'a-t-il sermonné.

On dit "Terre-Mère", n'est-ce pas ?

Mater Earth

L'un des noms les moins connus du Dieu hébreu... El Shaddai, "celui qui a des seins".

L'Esprit se meut sur la surface de l'eau pour puiser l'essence de la vie, comme il est écrit dans le premier livre saint. Genèse. Génie.

L'Esprit Saint doit être féminin, n'est-ce pas ?
Parce que la création est féminine, non ?
Parce que toutes les pulsions créatrices fondamentales sont féminines.
Parce que les grands élans de créativité sont toujours féminins, non ?
Il a fallu une femme pour enlever l'épée de la main et la remplacer par un soc de charrue. Je ne l'ai lu nulle part mais je le *sais* !
À la Renaissance, les hommes avaient le droit d'avoir des vêtements féminins et des manières de femme... des robes de femme... des cheveux de lin...
Dans les années 1960 aussi.
L'antidote à la guerre était le mouvement de paix et d'amour mené par des hommes aux cheveux longs et des femmes aux cheveux courts.
Et maintenant, à une époque où la tragédie d'un monde en guerre est à nouveau jouée par des hommes qui souhaitent nous ramener aux siècles obscurs.
La guerre contre les femmes est de retour.
Une guerre contre la Terre-Mère.
Prune Nourry a toujours compris ces choses-là avant même de les connaître.
Ses *Terracotta Daughters* nous parlent du lieu, dans les autocraties, où se trouvent les femmes à la recherche d'un refuge enterrées dans des souterrains.
Des enfants qui ne peuvent pas être des enfants parce que ce sont des femmes.
Des Soldats Fantômes qui combattent la guerre elle-même.

Elle a créé pour nous la femme faite de lait, mais elle n'est pas faite de lait.
Elle est la crème qui flotte et elle en fabriquera encore beaucoup avec son lait.
Nous entrons dans son ventre par le col utérin, puis nous entrons à nouveau dans le canal pelvien pour tenter de renaître, de réapparaître.
Et nous avons tous besoin de faire pareil. De réintégrer le ventre de nos mères.
Rendre l'ADN dont nous ne voulons pas.

L'Évangile selon Jean pose la question : "Comment pouvons-nous être libres ?"
Et voici ce que répond le Messie juif : "En vérité, je te le dis, à moins de naître de nouveau, personne ne peut voir le Royaume de Dieu."
"Comment quelqu'un, demande Nicodème, peut-il naître quand il est déjà né et qu'il a déjà grandi ? On ne peut pas retourner dans le ventre de la mère et naître une seconde fois. Que veux-tu dire en parlant d'être « né d'en haut » ?"
Jésus répond : "Tu n'écoutes pas. Je te le dis encore une fois : à moins qu'un homme ne se soumette à cette Création originelle – la Création issue du « vent qui plane au-dessus de l'eau », l'invisible qui agite le visible, un baptême vers une vie nouvelle –, il ne peut entrer dans le Royaume de Dieu."

Lorsque vous regardez un bébé, ce n'est que ça : un corps que vous pouvez regarder et toucher. Mais la personne qui prend forme à l'intérieur est créée par quelque chose que vous ne pouvez ni voir ni toucher – l'Esprit. C'est ainsi qu'elle devient un esprit vivant.

foreword

BY BONO

Prune,
I don't know where we are in this Mexican temazcal, do you?
Am I sweating? Am I lodging?
Who is this messy Mesoamerican woman?
Where would we find her thousands of raw earth and fired bricks?
Where might we find her a draft horse to take up her labor?
Who is this woman whose nipples are cast in earth concrete?
And look how she dresses in a coat of lime plaster and clay.
Are we all mostly made of water?
And is this our mother we float in?
Is this her origin story or ours?

I know we must bend down to get out of this world.
I know we must stoop to enter it also.
The impossible journey is possible, but it is hazardous.
Like the camel entering the eye of the needle.
In ancient times when the rich merchant arrived after the gates of the walled city were locked,
he and his caravan had to dismount to enter the ever so secret spy hole in the wall known as the
eye of the needle—a hazardous journey ...
We enter our second birth on our knees and through hers.

Mater Earth
A woman made of milk
I'm here for her succor
I'm here for some kind of rebirth
personal and political
Regeneration
Regurgitation
Resuscitation
Rejuvenation

It is the women who drown out the men in their cries for peace and reconciliation.
It is the women who demand a more responsible and sustainable place to raise their children.

I once had the privilege to ask Pope Francis how important he thought girls'
education was in combatting the climate crisis ...
"Well we don't call our planet 'Father Earth'!" he chided.
It's "Mother Earth," is it not?

Mater Earth
One of the lesser-known names for the Hebrew God ... El Shaddai,
"the breasted one."
The spirit moves across the water at the drawing of life as
described in the first holy book. Genesis. Genius.

The holy spirit has to be feminine, doesn't it?
Creation is feminine, right?
All core creative urges are feminine surely?
The great surges in creativity are always feminine, non?
It took a woman to take the sword out of the hand and replace it with
a plowshare. I've never read that but I *know* that!
In the Renaissance, men were allowed to be women in their dressing up
and demeanor ... in their dresses ... in their flaxen locks.
In the sixties, the same.
The antidote for war was the movement of peace and love led by
long-haired men and short-haired women.
And now in a time when a world at war is being played out once again
by men who wish to return us to the dark ages.
A war on women is returning.
A war on mater earth.
Prune always understood these things before she knew them.
Her *Terracotta Daughters* tells us where women in autocracies are found
in their search for safe haven underground and buried.
Children that can't be children because they are women.
Ghost Soldiers fighting war itself.

She brought us the woman made of milk, but she is not made
of milk.
She is the cream floating and she will make so many with her milk.
We enter her belly through her cervix, re-entering the birth canal in
an attempt to be reborn, to re-emerge.
And we all need to do the same. To re-enter our mother's womb.
Hand back the DNA we don't want.

The book of John asks the question: "How can we be free?"
And the Jewish messiah replies: "Very truly I tell you, no one can see the
Kingdom of God unless they are born again."
"How can anyone," said Nicodemus, "be born who has already been born
and grown up? You can't re-enter your mother's womb and be born again.
What are you saying with this 'born-from-above' talk?"
Jesus said: "You're not listening. Let me say it again. Unless a person submits
to this original creation—the 'wind-hovering-over-the-water' creation, the
invisible moving the visible, a baptism into a new life—it's not possible to enter
God's kingdom."

When you look at a baby, it's just that: a body you can look at and touch. But the
person who takes shape within is formed by something you can't see and touch—the
Spirit—and becomes a living spirit.

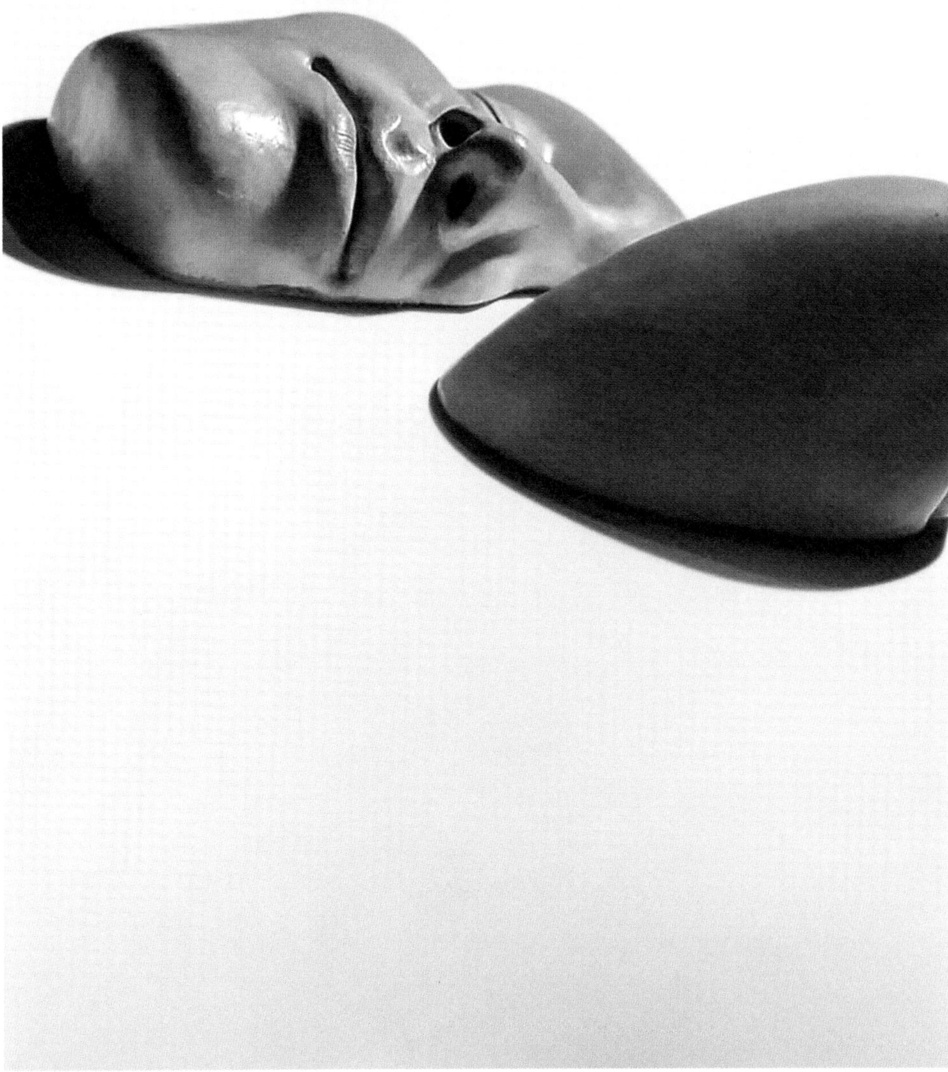

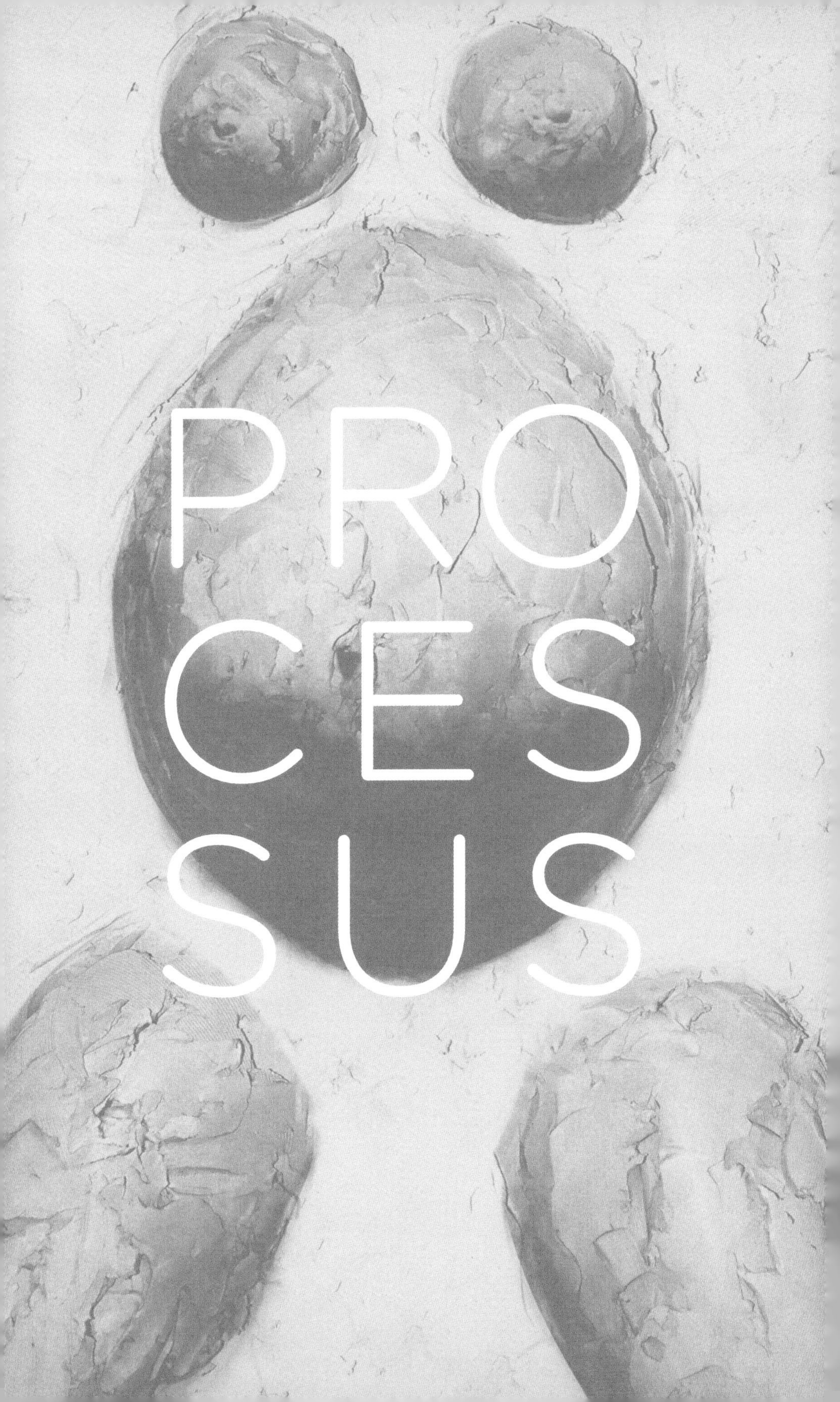
PRO
CES
SUS

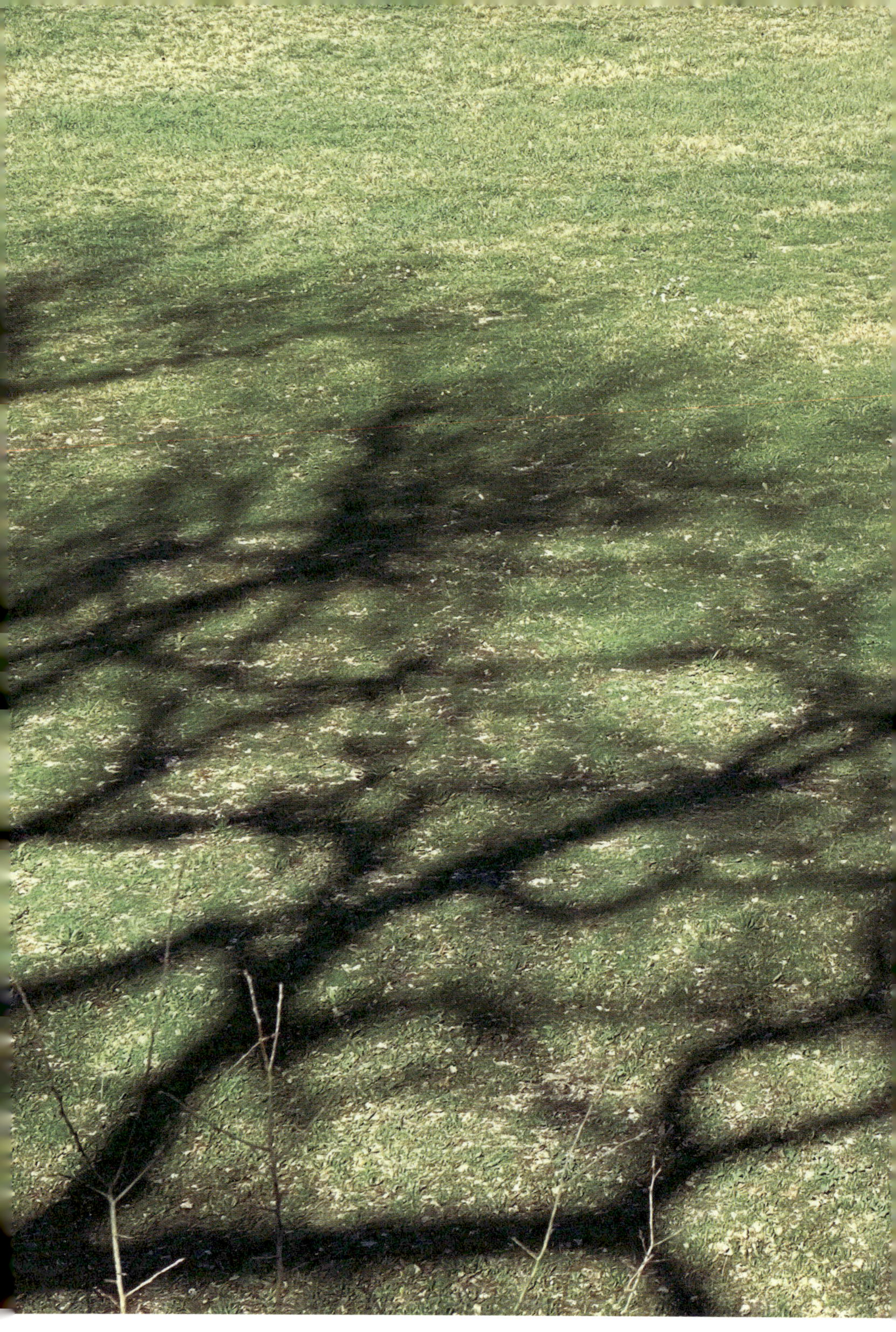

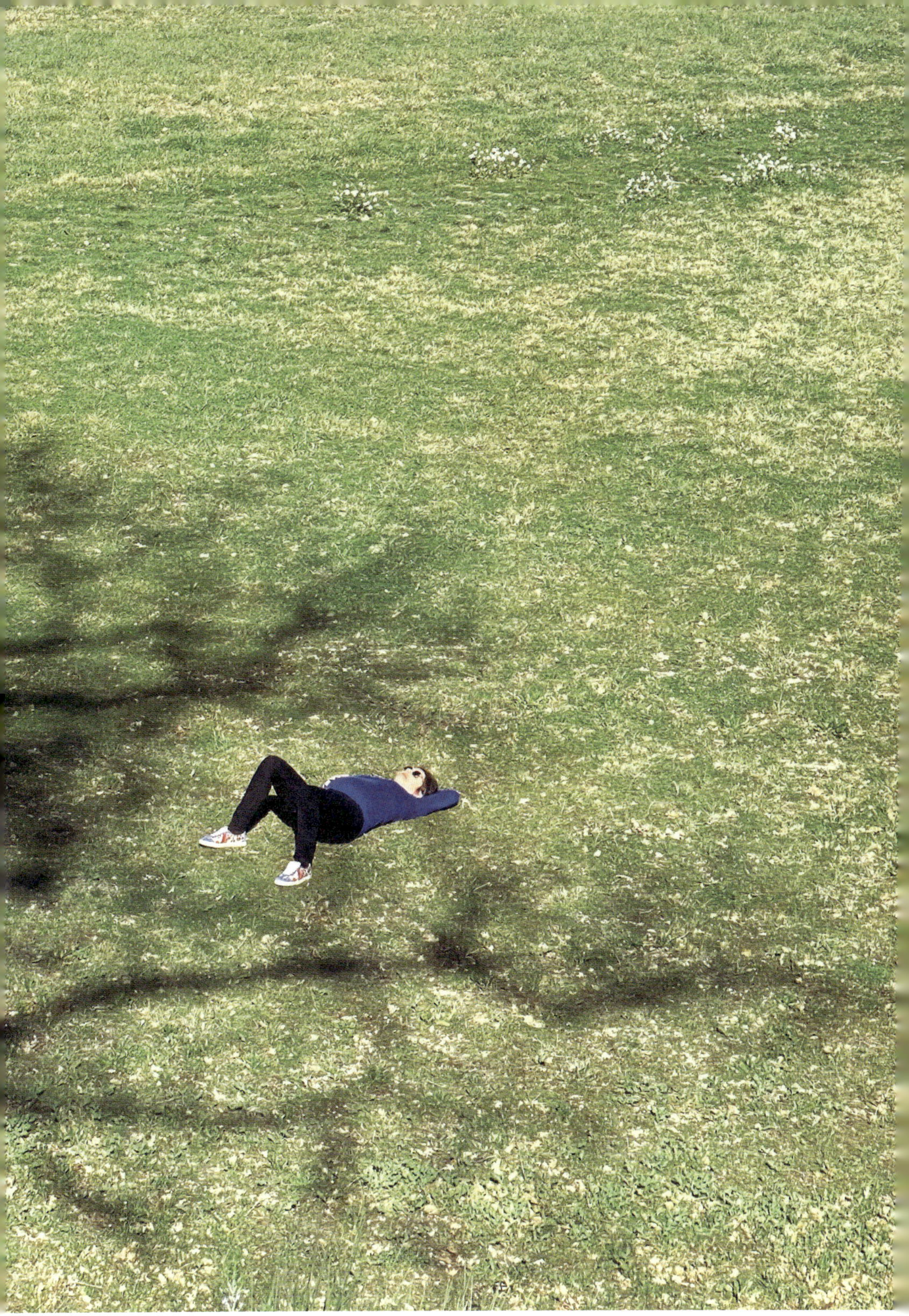

Prune Nourry, enceinte au Château La Coste, février 2020
Prune Nourry, pregnant at Château La Coste, February 2020

gravida / gradiva

ENTRETIEN RÉALISÉ PAR CATHERINE GRENIER, DIRECTRICE DE LA FONDATION GIACOMETTI

Le travail de Prune Nourry est involutif autant qu'évolutif : comme l'inconscient décrit par Freud, il est de l'ordre de la mémoire et circule en tous sens dans le temps. Les corps féminins qui en forment le sujet principal portent en eux la gestation, l'enfance aussi bien que la mort. Le bébé, la fillette, la femme, la mère n'y sont pas des formes de vie distinctes, pas plus que le corps humain n'est séparé du corps animal ou du corpus végétal. Ce ne sont pas non plus des étapes, mais des traces inscrites dans un corps multi temporel, dont Mater Earth *peut représenter l'aboutissement comme l'origine.*

FEMME ENCEINTE

Commande in situ *du Château La Coste,* Mater Earth *est une œuvre monumentale en plein air qui représente une femme enceinte couchée émergeant du paysage, dans le giron de laquelle le public peut entrer.*

PRUNE NOURRY : La première idée de cette œuvre remonte à 2010. J'avais une amie enceinte de huit mois, une femme grande, sculpturale, j'étais fascinée par ses formes. Je lui ai demandé si elle pouvait poser pour moi et elle a accepté. Dans mon petit atelier parisien, j'ai installé une piscine gonflable que j'ai remplie de lait chaud. Elle s'est glissée dedans et j'ai pris une photographie vue du dessus. Elle avait un visage très serein... Je me suis dit que cela ferait une belle sculpture. Je me suis donc inspirée de la photo pour sculpter une femme en argile, que j'ai faite un peu plus grande que nature. Je l'ai moulée moi-même et je l'ai fait tirer par un spécialiste du béton. J'avais fait aussi un tirage unique en silicone de couleur chair, que j'exposais dans un bain de lait. À cette époque, je m'étais dit que j'aimerais un jour la faire en grand. Quand le Château La Coste m'a proposé de penser une œuvre, il y a cinq ans environ, j'ai mis deux ans à leur montrer un projet. Je suis arrivée avec deux propositions et, immédiatement, Patrick McKillen m'a dit : "C'est celui-ci que je veux. *It's so Château La Coste.*"

L'œuvre est sur la notion d'origine et s'appelle *Mater Earth*. Je voulais m'inspirer de ce que j'avais réalisé en terre crue auparavant, comme la grande tête que j'avais faite pour l'exposition *Anima* en 2016, après avoir découvert les temazcales au Mexique, des édifices d'origine préhispanique en forme de ventre de femme enceinte. Mais, dans le contexte du Château La Coste, il fallait que la sculpture soit pérenne, et aussi qu'elle accueille du public. Le processus a été l'un des plus complexes de ma vie, parce qu'il a fallu passer par des permis, des ingénieurs, des propositions de matériaux, des bureaux de contrôle...

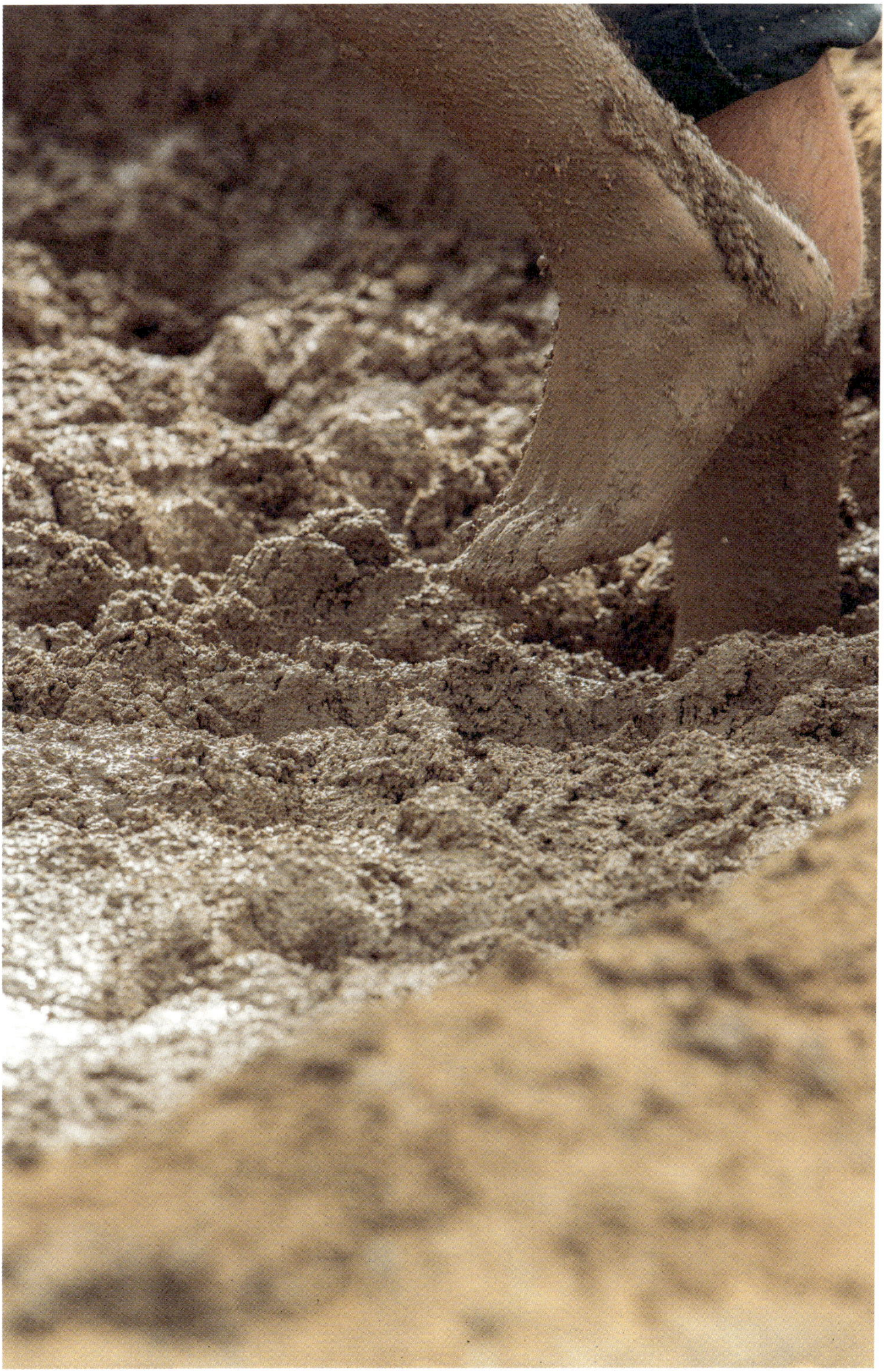

MATER EARTH, Château La Coste, 2021
Préparation de la terre pour les briques d'adobe
Preparing the mud for the adobe bricks

Nous avons commencé à fabriquer des briques de terre cuites au soleil, mais ce matériau, super dans l'idéal, comportait pour une structure recevant du public des risques que les ingénieurs du lieu nous ont déconseillé de prendre. Je ne voulais pas de béton pour les fondations, donc nous avons eu recours à l'un des artisans du Château La Coste spécialisé dans la pierre, et il a fait un chef-d'œuvre. Nous avons ensuite monté la structure en briques de terre cuite jointoyées à la chaux, d'abord les seins, le visage, le coude, puis nous avons commencé à monter la coupole du ventre. Les ingénieurs ont demandé qu'on y introduise des tiges d'inox, parce que le lieu est dans une zone sismique 4. La voûte est prête et les jambes sont en cours. Nous avons commencé à fabriquer l'intérieur du ventre avec les briques de terre crue produites l'an dernier, qui seront revêtues d'un mortier et d'un enduit de terre. Le modelé est très organique et fait penser à des veines et à des racines d'arbre.

Le nombril est la seule partie, avec l'entrée, qui laisse passer la lumière ; il est en verre plein avec des bulles, pour créer un effet aquatique. L'extérieur sera couvert d'un mortier de chaux et d'une lasure minérale au silicate de potassium, qui est un protecteur naturel. J'aimerais y intégrer, si c'est possible, de la cendre des feux de forêts qui ont eu lieu cet été ; c'est un imperméabilisant, mais surtout une belle référence à la renaissance du phœnix. Pour les endroits détaillés, bouche, nez, yeux, tétons, etc., où l'eau de pluie risque de stagner et d'endommager la surface, j'ai sculpté les parties en argile et on les a tirées en béton de terre, un matériau environnemental que je développe depuis quelques années avec l'atelier amàco. Le processus de réalisation de cette œuvre nécessitait la réunion de beaucoup de savoir-faire et il a été pensé en équipe ; nous avons évolué ensemble tout au long du projet dans une sorte de chaos cohérent. C'est une œuvre qui fait appel au langage non seulement sculptural mais aussi architectural, à de l'ingénierie : moi qui suis dans le faire, j'ai dû apprendre la patience !

LES BÉBÉS

Première œuvre réalisée par l'artiste après sa sortie de l'école Boulle, en 2006, les Bébés domestiques *hybrident des bébés humains et des chiens.*

PN : Je moulais des sculptures qui étaient des hybrides entre l'enfant et l'animal domestique, que j'appelle les "bébés domestiques". Des sculptures qui me paraissent très kitsch quand je les regarde aujourd'hui, qui s'inscrivaient dans un mélange de culture scientifique et d'histoire de l'art, puisque j'hybridais ces bébés non pas en les greffant sur un corps animal, comme le fait la statuaire antique, mais à partir d'une grille génétique. Je regardais les grilles d'anatomie de l'animal, de l'humain et je mixais les squelettes. Je prenais mes inspirations dans la mythologie grecque, mais aussi dans les mythes indiens, car le fait d'hybrider l'humain avec l'animal ou avec le végétal existe dans toutes les cultures. Mes "bébés", réalisés avec un silicone d'effets spéciaux dont la ressemblance avec de la peau était troublante, soulevaient des questions sur la frontière entre l'humain et l'animal, mais aussi sur les manipulations génétiques. Je voulais que ça fasse réfléchir les gens, qu'on réfléchisse ensemble. Je posais les "bébés" devant les boulangeries parisiennes, à l'endroit où les gens accrochent leurs chiens. Ça donnait lieu à des situations cocasses, avec des chiens qui aboyaient sans fin face à la sculpture, des enfants qui venaient la toucher, des personnes qui criaient ou riaient. Au bout de vingt-quatre heures, ces sculptures finissaient par disparaître.

PETITES FILLES

Les figures hybrides des Holy Daughters *(2010) adressent aux passants la question politique et éthique de la sélection du genre et de la condition des femmes.*

PN : De la sélection de l'humain, j'en suis venue à la question de la sélection du genre. Dans la plupart des cultures il y a une préférence pour le garçon, qu'on observe en Inde et en Chine notamment. Je suis allée en Inde, où j'ai conçu encore une fois des sculptures hybrides, associations entre la petite fille et la vache sacrée. Cette association n'existe pas dans le panthéon des dieux indiens, j'ai donc ajouté une case en créant une nouvelle divinité. Je cherchais un symbole qui parle à l'imaginaire collectif et qui créerait un troisième sens. La vache sacrée est symbole de fertilité car elle donne la vie, le lait ; la fille est un vecteur de fertilité puisqu'elle sera peut-être mère un jour, mais elle n'est pas désirée.

Avant de commencer à sculpter, j'ai rencontré des groupes de femmes, auxquelles je demandais leur avis sur cette idée d'hybridation. Je me suis rendu compte que ça allait plus loin que ce que je pensais, les femmes s'associaient aux vaches sacrées non pas parce qu'elles étaient symboles de fertilité, mais parce que les vaches, quand elles ne donnaient plus de lait, étaient jetées à la rue, où elles se nourrissaient de déchets plastiques et finissaient crevées sur le bas de la route, tout en étant prétendument sacrées.

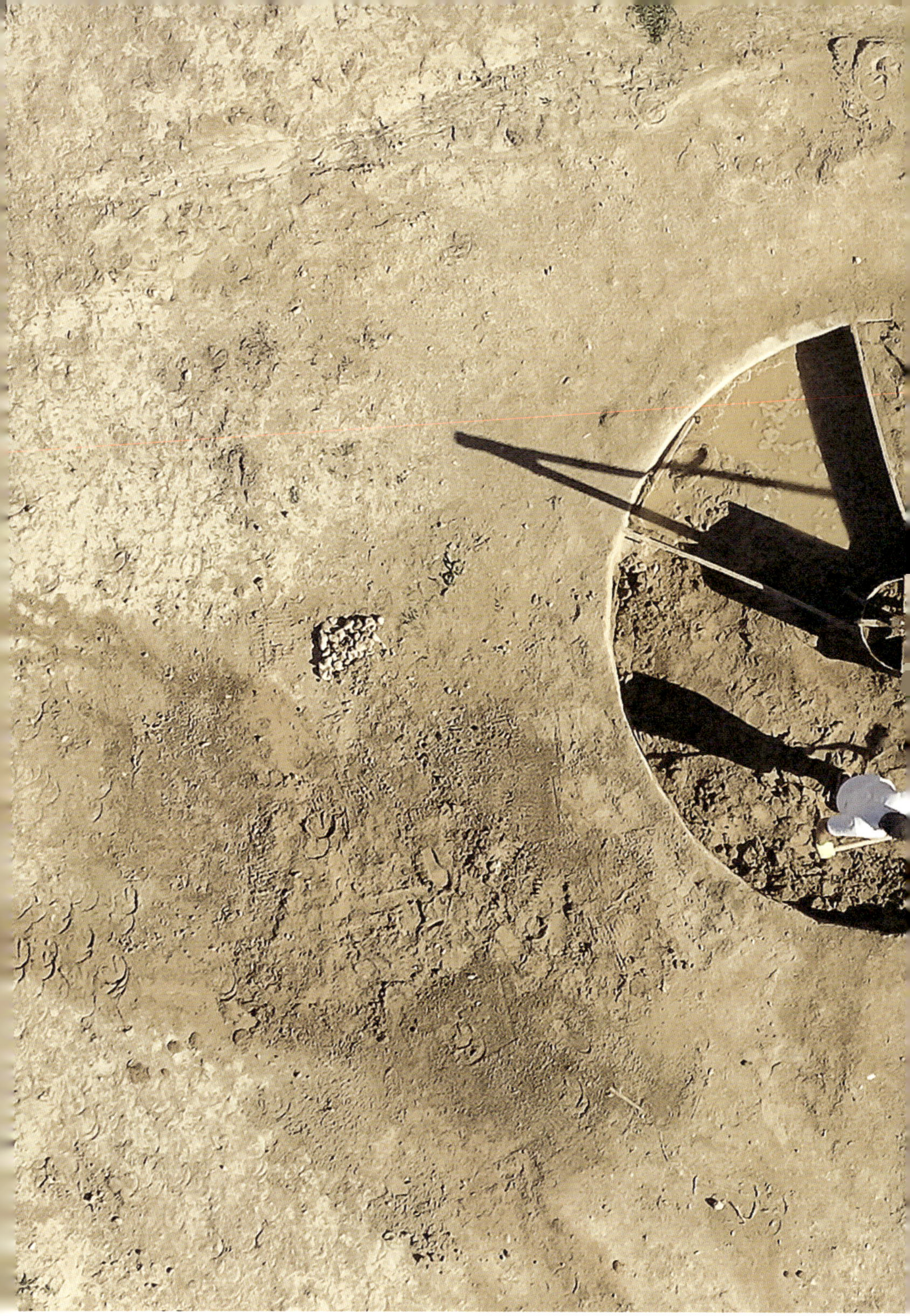

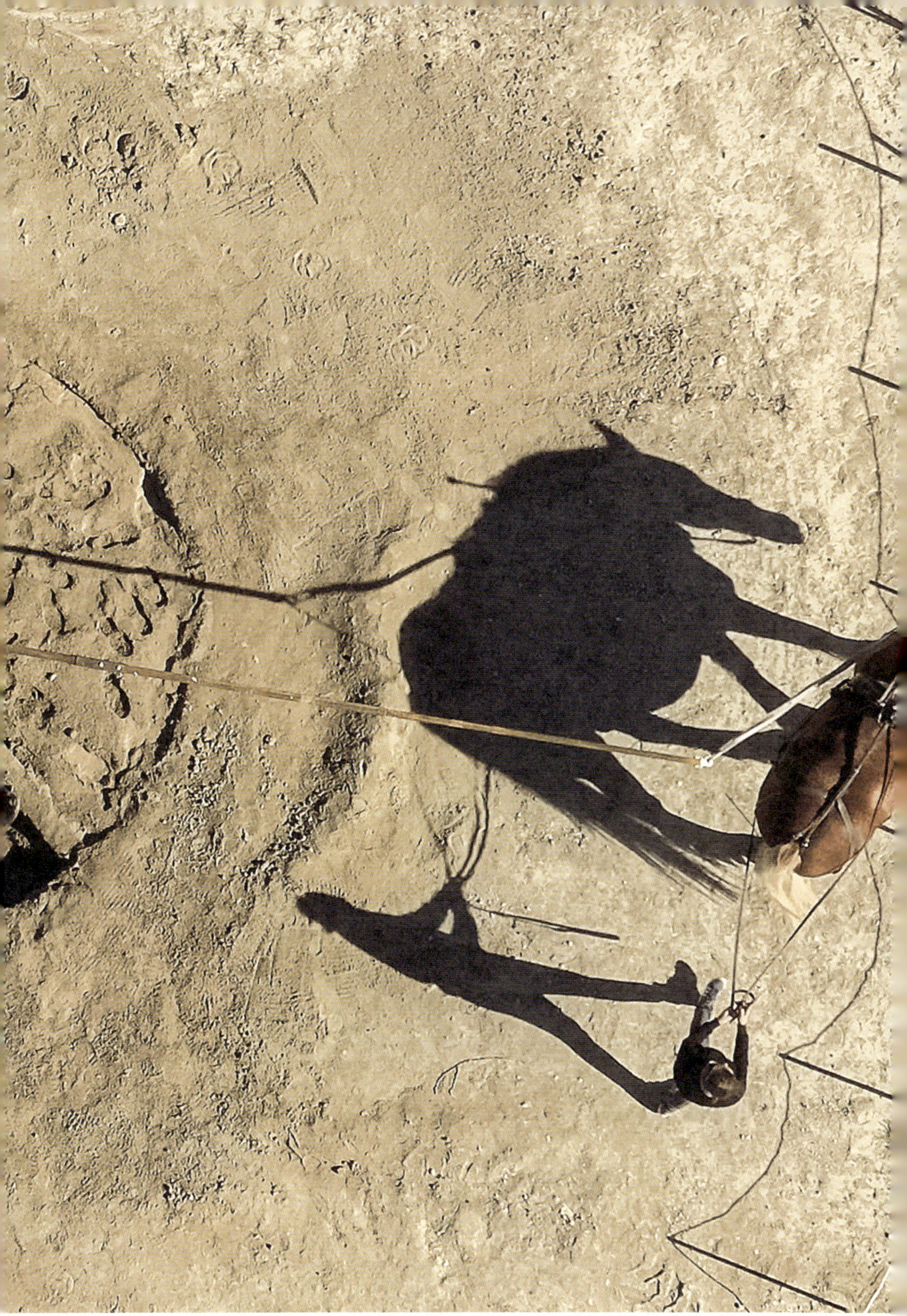

MATER EARTH, Château La Coste, 2021
Préparation de la terre pour les briques d'adobe
Preparing the mud for the adobe bricks

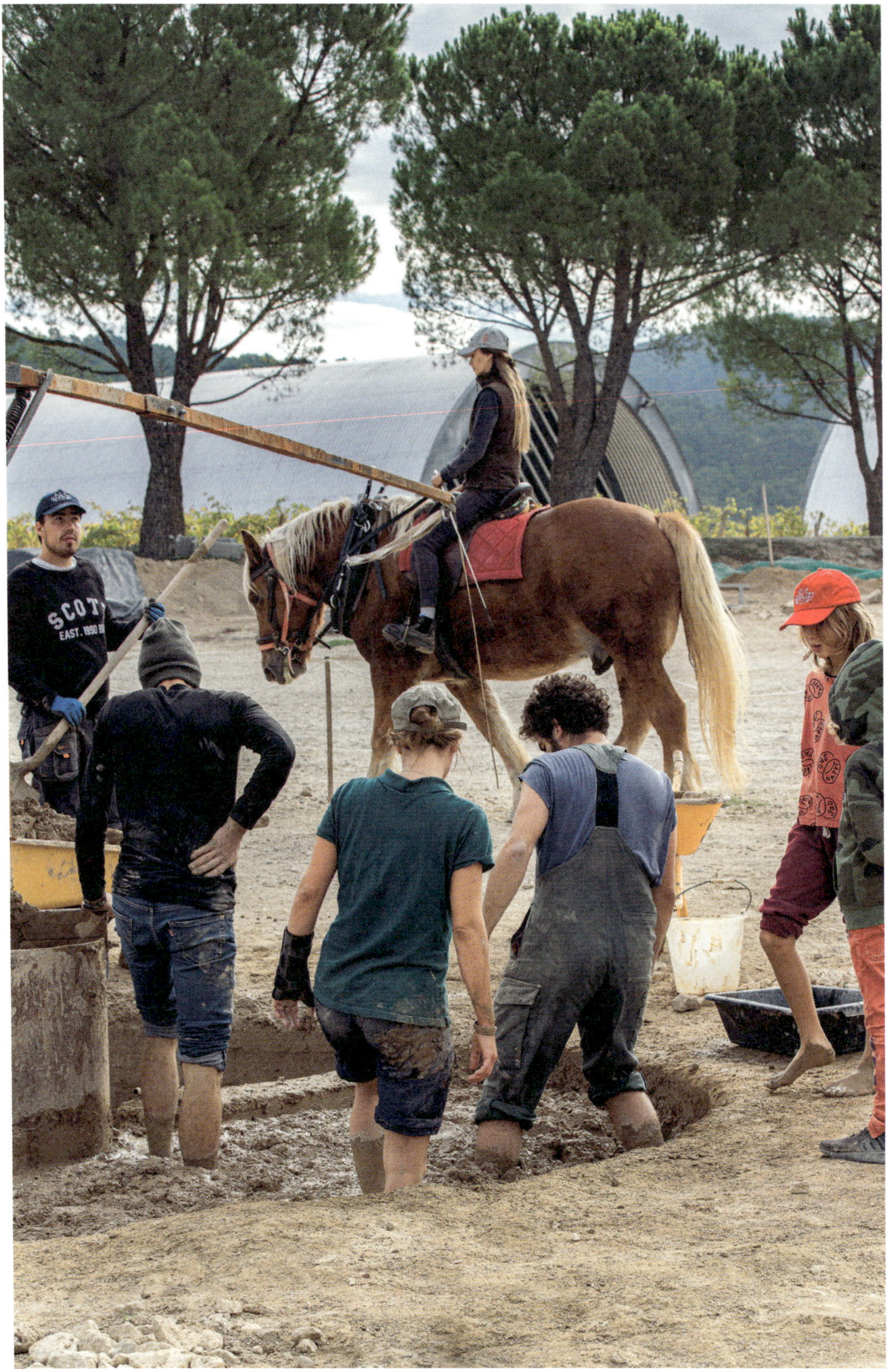

MATER EARTH, Château La Coste, 2021
Préparation de la terre
Preparing the mud

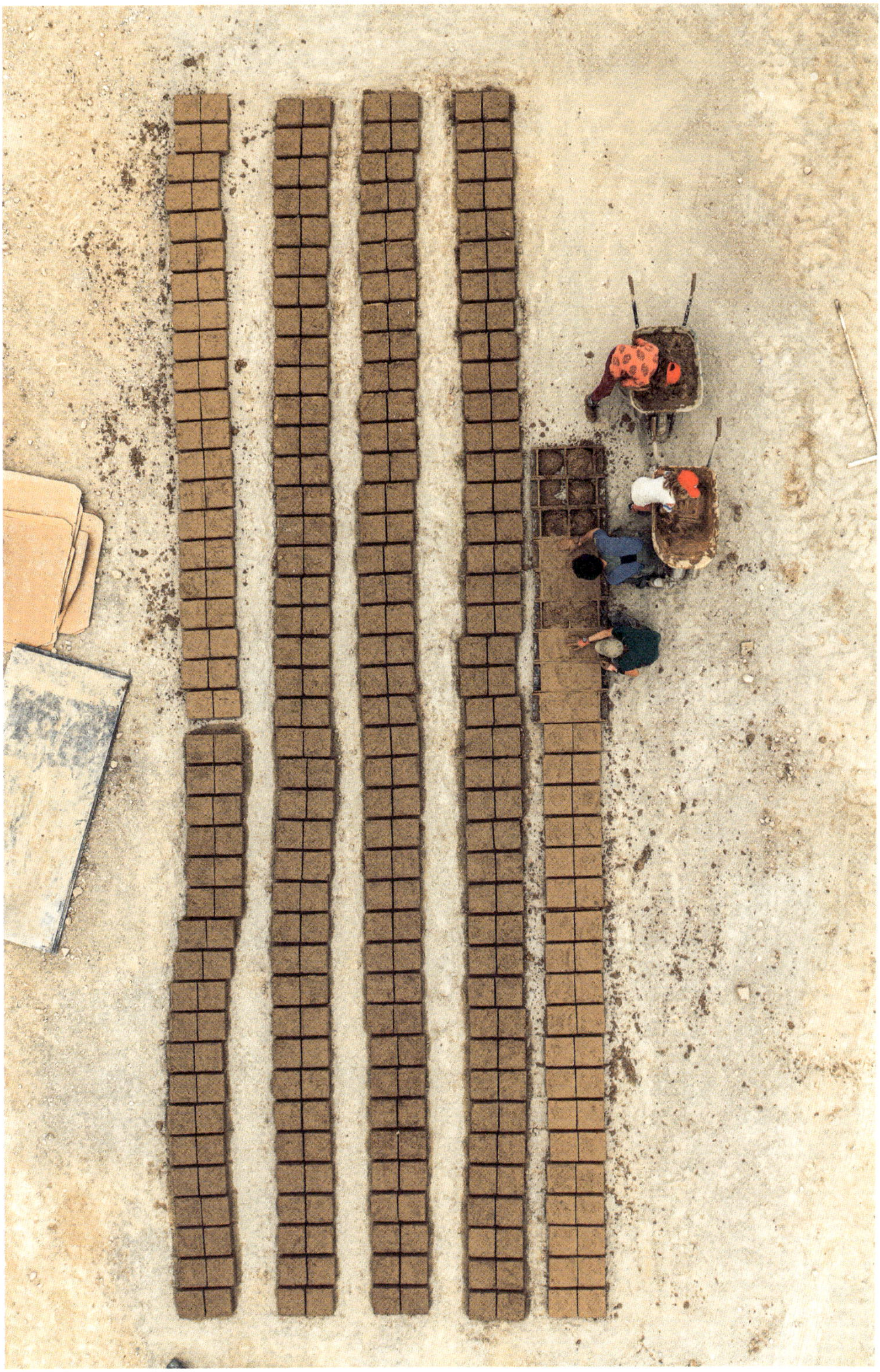

MATER EARTH, Château La Coste, 2021
Fabrication des briques dans des moules en bois
Making adobe bricks in wood molds

Avec l'aide d'une sociologue indienne, j'ai choisi des emplacements dans des contextes différents et j'y abandonnais les sculptures à proximité de distributeurs de lait. J'observais la réaction des gens, sans leur dire que c'était moi qui avais fait les sculptures. Très rapidement ils en venaient à la question de la préférence pour les garçons et aux avortements sélectifs. J'ai documenté tout ça avec ma caméra, j'étais là un peu comme une journaliste ou une anthropologue.

L'ARMÉE DES FILLES

108 petites filles constituent une "armée" (2012-2030), symbole de résistance contre le déficit démographique causé par la préférence masculine.

PN : J'ai passé un an en Chine à sculpter avec des artisans copistes de l'armée de terre cuite de Xi'an. J'ai fait une hybridation entre ces sculptures vieilles de 2 000 ans et des petites filles orphelines que j'ai rencontrées par le biais d'une association. Elles vivaient à différents endroits et j'y suis allée pour les rencontrer et les prendre en photo. À l'atelier, je les ai sculptées en argile à la manière des soldats – mais les modèles font 2 mètres de haut, ce sont tous des hommes, et moi j'ai sculpté des femmes soldats de 1,50 mètres ! Avec les artisans on les a moulées en plâtre, selon leur technique traditionnelle. J'ai créé huit modèles originaux et, à partir des moules, un artisan a fait 108 tirages en terre cuite, qui correspondent à des combinaisons différentes de têtes, bustes et jambes. Comme je voulais que chacune d'elles soit unique, je lui ai demandé de retoucher un peu la forme des yeux, le nez, les cheveux et il les a signées. Je les ai présentées pour la première fois à Shanghai en 2013 et des femmes chinoises sont venues vers moi en me disant qu'elles avaient l'impression de se voir petites filles, que j'étais en train de parler de leur enfance. Mais quand je les ai montrées un an plus tard à Mexico, le public était convaincu que cette armée parlait des filles mexicaines qui disparaissent à la frontière avec les États-Unis… J'ai ensuite enfoui cette armée en Chine dans un lieu tenu secret et elle ne sera excavée qu'en 2030.

FEMME NATURE

En 2018, peu après être soignée d'un cancer du sein, l'artiste entame une réflexion sur l'équilibre fragile du corps et sur les menaces de déséquilibre qui affectent aussi bien les humains que la planète.

PN : Pendant quelques mois après le cancer, c'était comme si j'avais besoin de digérer. Quand on a fini la chimiothérapie, que les cheveux repoussent, les couleurs

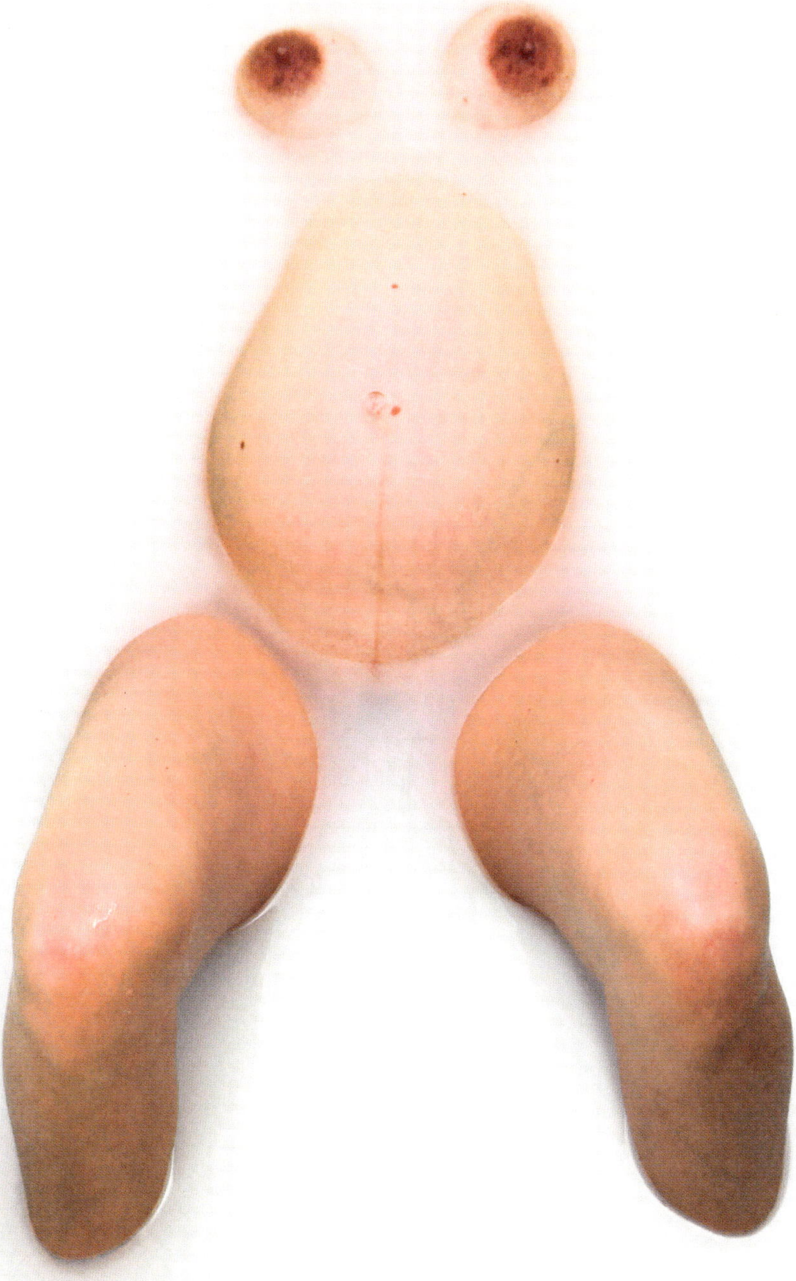

ALLAITÉE, 2010
Photographie contrecollée sur négatoscope de radiologie
Photograph affixed to an X-ray view box

reviennent, les gens pensent que vous n'êtes plus malade, alors qu'en fait c'est là qu'on a un cancer-blues, comme on a un baby-blues. Dans cette situation, tout être humain fait appel à une forme de superstition ; moi, j'ai commencé à m'intéresser à la question de la catharsis et aux ex-voto. Ce sont des objets qui fascinent beaucoup d'artistes, mais qui me parlaient d'autant plus qu'ils sont reliés à l'artisanat; en fait, l'intermédiaire entre le malade et le sacré était l'artisan.

In Vitro Fertilization est une pièce unique, composée d'objets de laboratoires trouvés, qui ressemblent à des organes. J'étais tombée, aux puces, sur un marchand qui avait un plein stock de matériel de laboratoire, car il avait été médecin. Nous avons passé des heures à trouver le cœur, l'utérus, etc., et j'ai pu ainsi recréer un corps. *River Woman* est un arbre-corps fait en Pyrex. Cette œuvre, qui s'inspire des veines du corps, est pour moi très importante. Si vous mettez les veines du corps humain sur une table, ça ressemble à un arbre avec les branches et les racines, ou à des rivières vues du ciel. Cette relation entre le corps et la nature rappelle l'interdépendance entre l'environnement et les différentes espèces. L'idée d'ex-voto n'est pas considérée seulement à l'échelle d'un être humain, mais aussi à celle de la guérison de l'écosystème naturel. Ces veines, que l'on trouve aussi bien dans les corps humains et animaux que dans le flux de la sève ou des rivières, sont des formes fractales qui nous font dire que nous faisons partie d'un tout.

AMAZONE

Comme la Gradiva *de Jensen, interprétée par Freud et célébrée par les surréalistes, l'amazone est un personnage mythologique fascinant dont les femmes contemporaines se ressaisissent.*

PN : J'ai sculpté mon propre ex-voto, *The Amazon*, une sculpture de 4 mètres de haut que j'ai présentée à New York fin 2018. Je venais de passer à travers la mastectomie, la reconstruction et je voulais marquer le coup parce que c'est important de célébrer, de ritualiser. Au MET, j'ai vu une sculpture d'amazone qui m'a rappelé l'amazone dont parlait Agnès Varda dans une scène de mon film *Serendipity*. Je la trouve magnifique, cette sculpture, elle a le bras relevé comme si elle regardait sa cicatrice, qui est à droite comme la mienne. Je cherchais un matériau pérenne, et j'ai découvert qu'il existait au Japon des ex-voto destinés aux femmes qui font des fausses couches, réalisés dans un béton qui peut être travaillé comme de l'argile. J'avais fait deux seins à l'amazone, ensuite je l'ai recouverte de bâtons d'encens, j'ai loué une barge sur l'Hudson River, posé la sculpture dessus, invité tous les membres de ma famille, ils ont allumé l'encens en symbole de guérison et, devant eux, j'ai cassé l'un des seins. L'idée symbolique était : j'étais sculpteure, je suis devenue sculpture entre les mains des médecins, et là je redeviens sculpteure.

MACRO-CORPS

PN : J'aime faire petit comme j'aime faire grand. Par contre, je n'utiliserais jamais un scan et une imprimante 3D pour transformer une petite sculpture en une très grande, sans réintervenir dessus. Selon moi, le petit ne se transforme pas en très grand n'importe comment ; il faut penser très grand pour le très grand. C'est le lien entre le macro et le micro qui m'intéresse : comment certaines formes microscopiques à l'intérieur de notre corps se retrouvent en plus grand à l'échelle de l'environnement, d'un paysage. Ça me fascine. Le fait de faire grand me permet d'avoir un long processus. Ensuite, cela permet une expérience interactive avec les gens qui entrent dans la sculpture : on pouvait entrer dans la tête du bouddha géant que j'ai réalisé en 2017 au musée Guimet et on entrera dans le ventre de la sculpture du Château La Coste. Je me demande si la très grande échelle n'a pas un lien aussi avec *Les Voyages de Gulliver*, et d'autres souvenirs d'enfance. Après avoir fait le bouddha au musée Guimet, je me suis souvenu être allée au Sri Lanka avec mes parents quand j'avais 7 ans et y avoir vu un bouddha couché qui m'avait fascinée. Tout ce que nous voyons dans notre enfance nourrit qui nous devenons ensuite. Dans la sculpture du Château La Coste, voir les morceaux de corps de cette femme qui se découpent sur les rondeurs de la montagne située derrière, c'est comme voir des formes dans les nuages quand on est petit.

gravida / gradiva

INTERVIEW WITH CATHERINE GRENIER, DIRECTOR OF THE FONDATION GIACOMETTI

The work of Prune Nourry is both inward-looking and outwardly focused: like Freud's unconscious, it encompasses memory and moves freely through time. The female bodies, her primary subject, carry within them gestation, infancy, and death. The baby, young girl, woman, and mother are not distinct forms of life, no more than the human body is separated from the animal and plant worlds. Nor are they stages, but rather they are passages written in a multi-temporal body. In this, Mater Earth *may represent a culmination as well as a genesis.*

PREGNANT WOMAN

An in-situ commission for Château La Coste, Mater Earth *is a monumental outdoor work representing a reclining pregnant woman emerging from the earth, into whose womb visitors can enter.*

PRUNE NOURRY: The initial idea for this work dates to 2010. I had a friend who was eight months pregnant, a large, sculptural woman; I was fascinated by her curves. I asked her to pose for me, and she agreed. I set up an inflatable pool in my small Paris studio and filled it with milk. She lay down in it and I took a photograph of her from above. Her face was so serene. I thought that it would make a beautiful sculpture. I then used the photo to sculpt a woman in clay, which I made slightly larger than life size. I made the mold myself and had it cast in concrete. I also had a single cast made in a flesh-colored silicon, which I exhibited in a milk bath. At the time, I was thinking that I'd like to make a large-scale version of it. When Château La Coste asked me to think about a work, about five years ago, it took me two years to propose a project. I arrived with two ideas and Patrick McKillen immediately said, "This is the one I want. It's so Château La Coste."

The work is about the concept of origins and is called *Mater Earth*. I wanted to use what I had produced earlier in terracotta, like the large head that I did for the *Anima* exhibition in 2016, after being introduced to the temazcal in Mexico, pre-Hispanic structures shaped like the belly of a pregnant woman. But in the context of Château La Coste, it had to be a permanent sculpture, open to the public. The process was one of the most complicated that I've ever undertaken, because we had to obtain permits, work with engineers, manage various propositions for materials, deal with inspectors ...

We started by making sun-dried mudbricks, but this material, which is great in theory, is too risky for a structure intended for public access, and the engineers advised us against using them. I did not want concrete for the foundations, so we turned to one of the craftsmen at Château La Coste who specializes

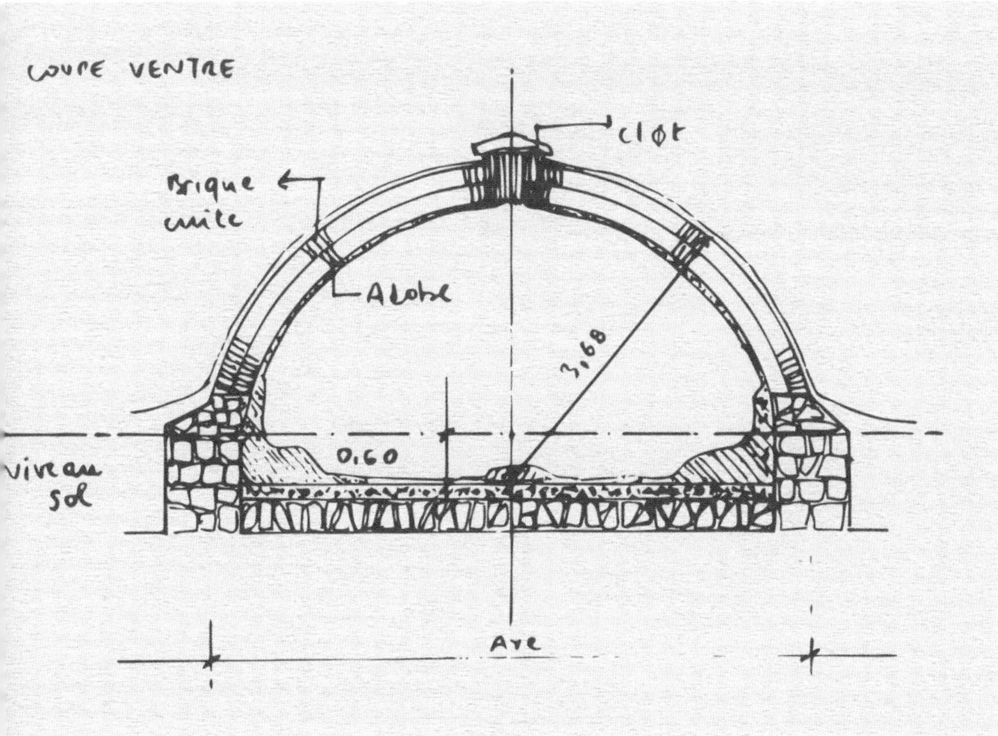

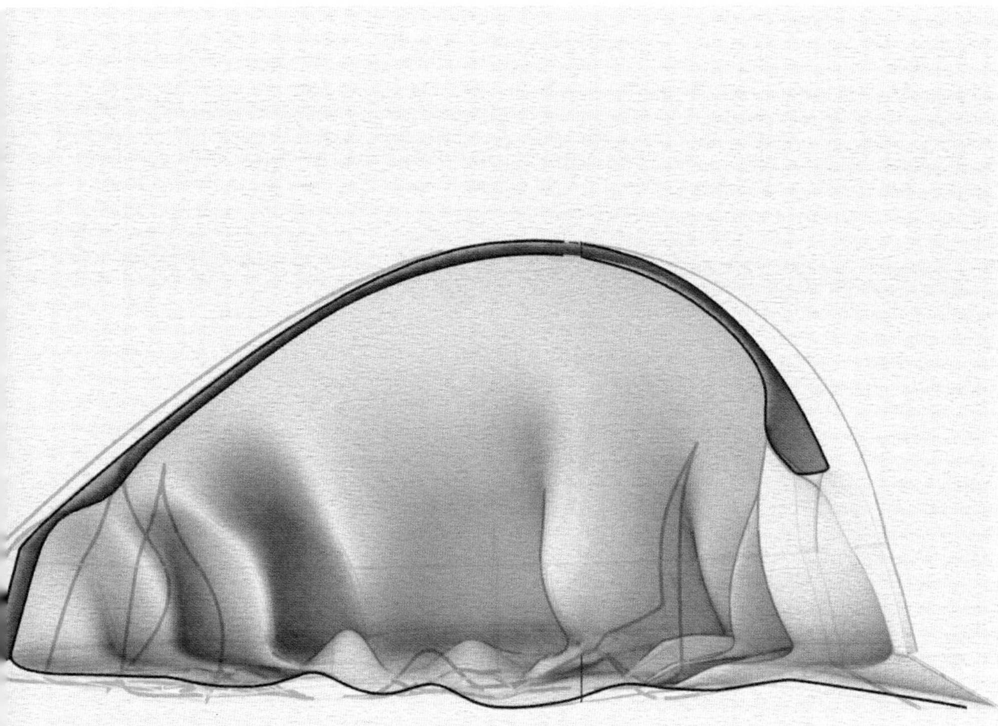

MATER EARTH, 2021
Études
Studies

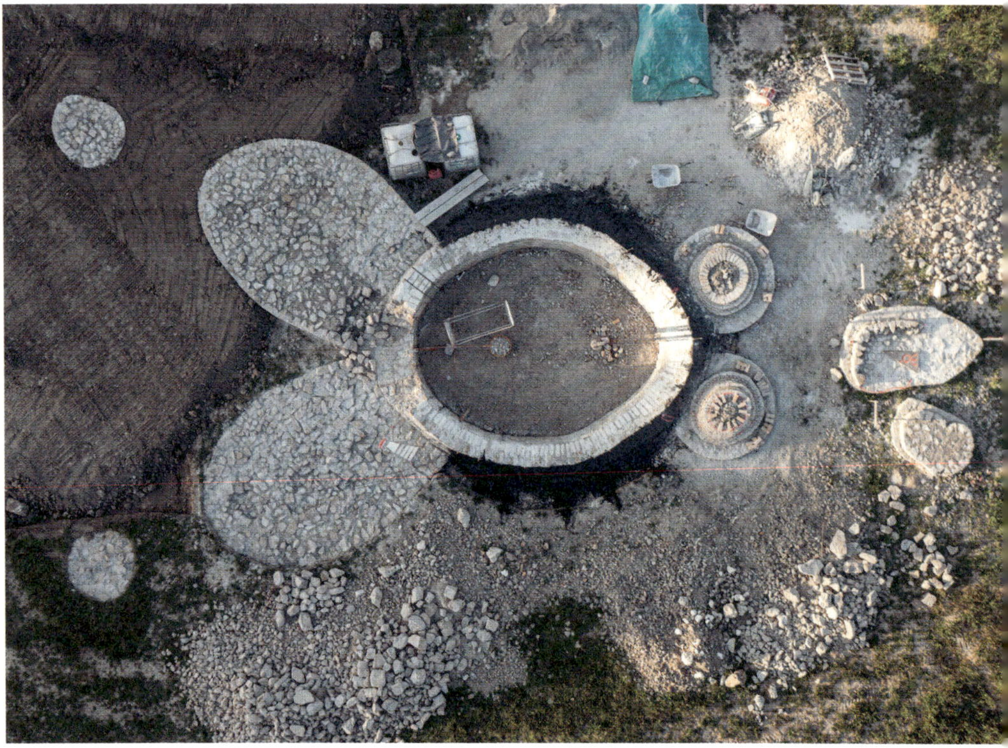

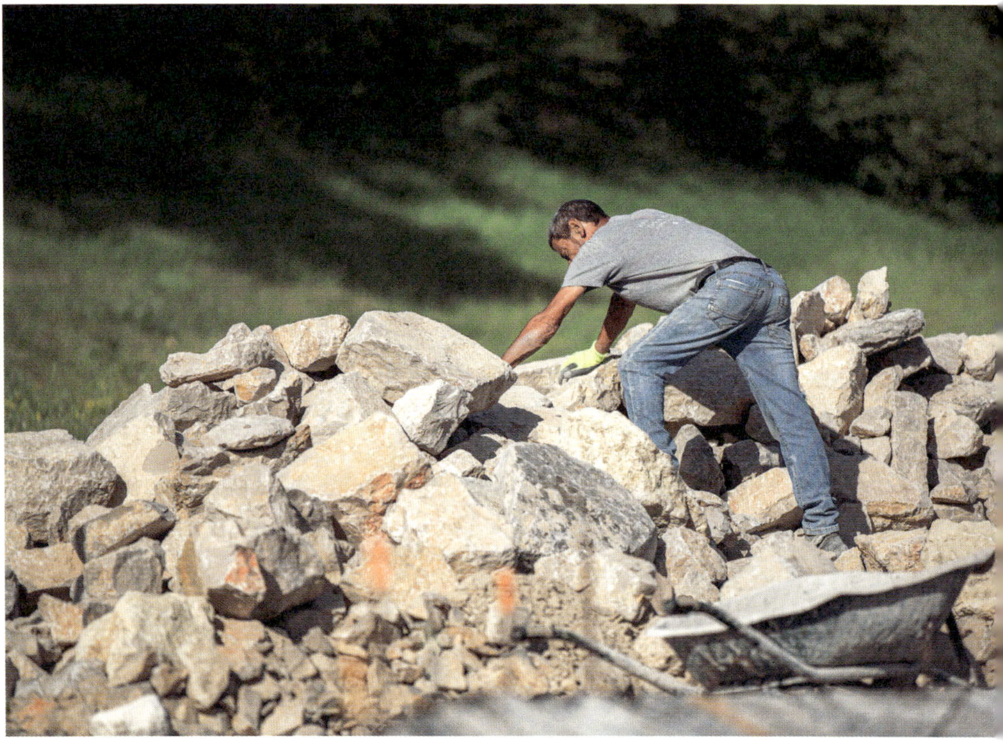

MATER EARTH, Château La Coste, 2022
Construction des fondations en pierre
Construction of the stone foundation

in stonework, and he produced a masterpiece. We built up the terracotta brick structure, jointed with a lime mortar; first the breasts, the face, the elbow, and then we started to build the dome for the womb. The engineers asked us to incorporate stainless-steel rods, because the site lies in a seismic zone 4. The arch is ready and the legs are being made now. We have started working on the inside of the womb, with terracotta bricks we made last year; they will be jointed with mortar and finished with an earth coating. The forms are highly organic and bring to mind veins and tree roots.

The entrance and the navel are the only two sections through which light enters; the latter is made of glass filled with bubbles, creating an aquatic effect. The exterior will be covered with a lime mortar and a coat of potassium silicate, which provides natural protection. If possible, I would like to include ash from the forest fires that burned this summer; it is a waterproofing material, but even more, an apt reference to the rebirth of the phoenix. I sculpted the more detailed areas in clay—the mouth, nose, eyes, nipples, and so on—where standing water could damage the surface, and had them cast in earth concrete, an environmental material that I have been developing for several years with the studio amàco. Creating this work required the participation of multiple experts. It was designed as a team project; we evolved together throughout the entire project in a state of coherent chaos. We drew on our sculptural vocabulary for this work, as well as on architecture and engineering—and particularly for me, a person who is all about doing and making, I had to learn patience!

THE BÉBÉS

The first work created by the artist after graduating from the École Boulle in 2006, the Bébés domestiques *are hybrid versions of human children and puppies.*

PN: I was casting sculptures that were hybrids of children and domestic pets, which I called "bébés domestiques." When I look at them today, they seem very kitsch; they came from a mix of art history and scientific culture, as I hybridized these babies, not by grafting them to an animal body, as was done with classical statuary, but by using a genetic matrix. I looked at the anatomical matrices of animals and humans, and I mixed the skeletons. I drew my inspiration from Greek mythology, as well as from Indian myths, because hybrids of humans and animals or human and plants exist in every culture. My "bébés," made from silicone—which has a disturbing resemblance to flesh—raised questions on the boundary between humans and animals, but also on genetic manipulations.

I wanted them to make people think, to have us all think together. I placed the "bébés" in front of Paris bakeries, where people tie up their dogs. This resulted in some comical situations, with dogs barking nonstop at the sculptures, children coming up to touch them, people crying or laughing. After twenty-four hours, the sculptures had disappeared.

LITTLE GIRLS

The hybrid figures of Holy Daughters *(2010) challenged passersby to examine the political and ethical issue of selecting a baby's gender and the status of women.*

PN: From the selection of human traits, I became interested in the issue of gender selection. In most cultures, particularly in India and China, there is a preference for boys. I went to India, where I once again designed hybrid sculptures, which were combinations of young women and sacred cows. This association does not exist in the pantheon of Indian gods; thus, I added an extra one by creating a new deity. I was looking for a symbol that speaks to the collective imagination and that would create a third meaning. The sacred cow is a symbol of fertility because it gives life, milk; the young woman is a conduit of fertility because she may one day become a mother, but she is not wanted.

Before I began to sculpt, I met with groups of women and asked their opinions on this idea of hybridization. I realized that this issue went deeper than I thought; women felt connected to sacred cows not because they were symbols of fertility, but because the cows, when they no longer gave milk, were turned out into the street, where they ate plastic waste and ended up dead at the side of the road, even though they were supposedly sacred.

With the help of an Indian sociologist, I selected various locations and contexts, and I abandoned the sculptures near milk dispensers. I watched people's reactions, without telling them that I was the one who had created the sculptures. The conversations very quickly came around to the issue of the preferences for boys and to selective abortions. I documented all this with my camera; I was there somewhat as a journalist or an anthropologist.

TERRACOTTA DAUGHTERS

108 young girls form an "army" (2012–2030), *a symbol of resistance against the democratic deficit caused by a preference for males.*

PN: I spent one year in China sculpting with the artisan-copyists working on the Terracotta Army of Xi'an. I created hybrid works combining these 2,000-year-old sculptures with the images of young orphan girls whom I met through an association. They were living in different areas, and I went to meet them and take their photos. In the studio, I sculpted them in clay like the soldiers—but the original figures are 2 meters high and all

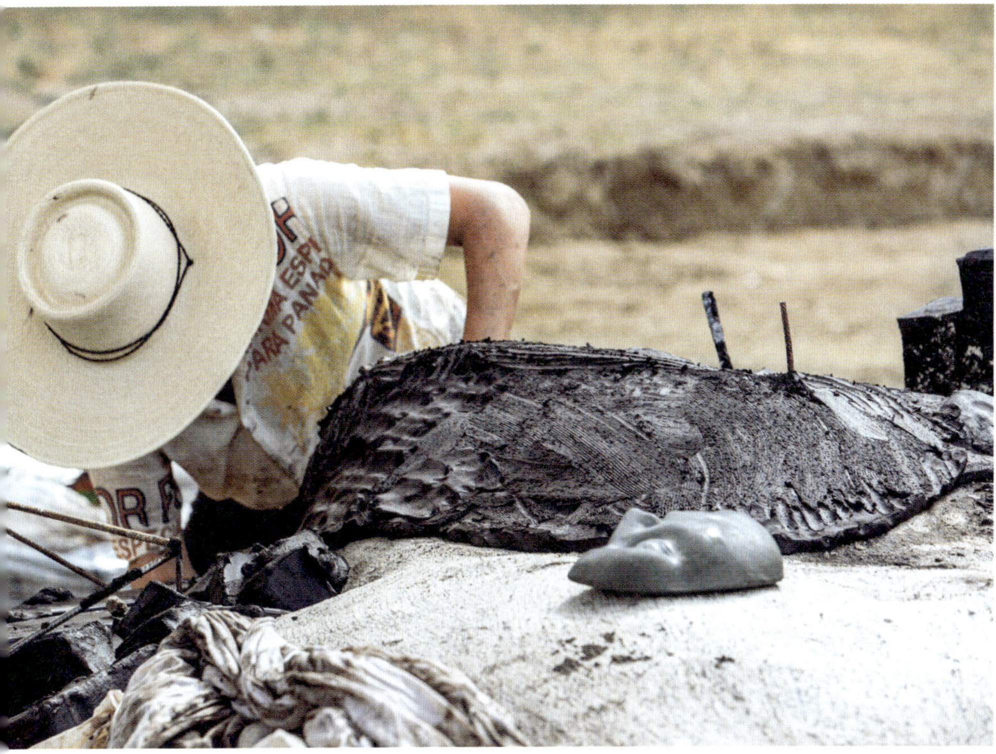

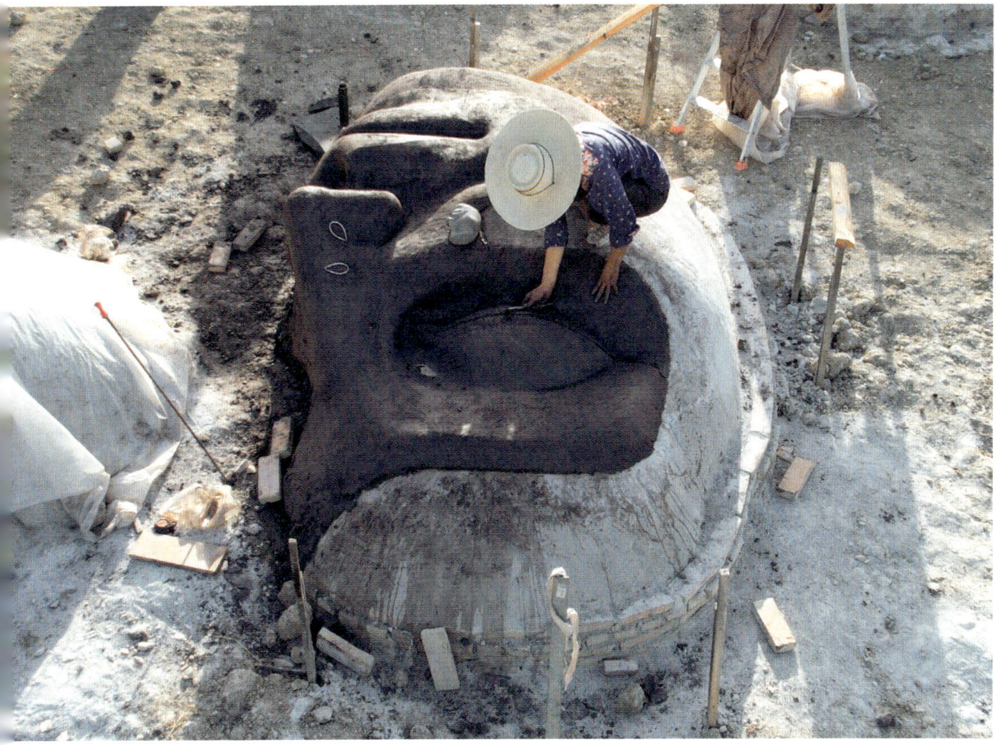

MATER EARTH, Château La Coste, 2022
Prune Nourry sculptant le visage en argile
Prune Nourry sculpting the face in clay

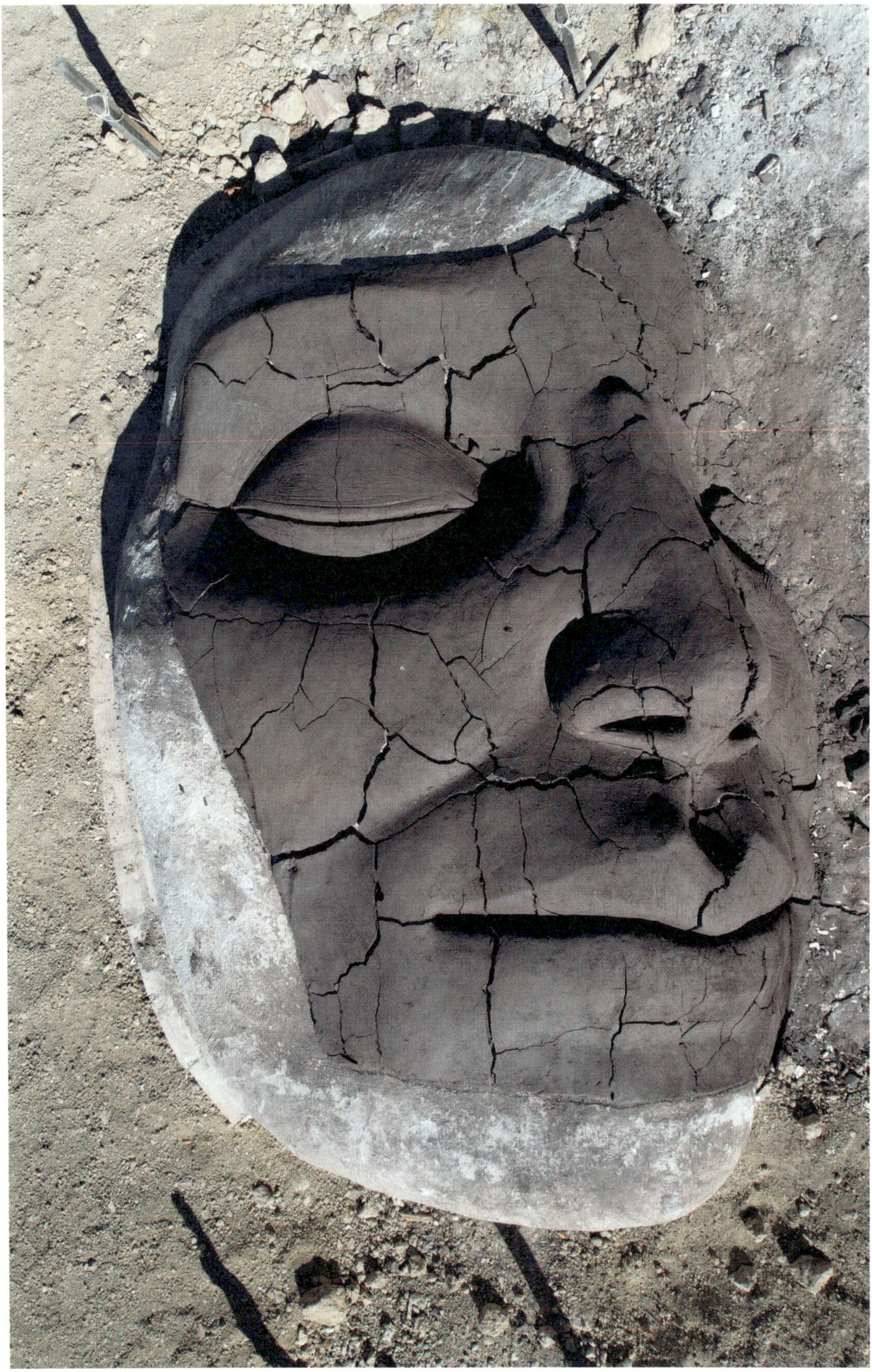

MATER EARTH, Château La Coste, 2022
Le visage craquelé après moulage
The cracked face after molding

men, while I sculpted female soldiers 1.5 meters high. Working with the craftspeople, we cast them in plaster, according to their traditional techniques. I created eight original models, and using the molds, a craftsman made 108 versions in terracotta, corresponding to different combinations of heads, busts, and legs. I wanted each one to be unique, so I asked him to rework the shapes of the eyes, the noses, the hair, and he signed them. I showed them for the first time in Shanghai in 2013, and Chinese women came up to me, saying they felt as if they were seeing themselves as young girls, that I was representing their childhoods. But when I exhibited them one year later in Mexico, the public was convinced that this army represented the Mexican girls who have disappeared along the United States border. I then buried this army in China in a secret spot that will not be excavated until 2030.

FEMME NATURE

In 2018, shortly after receiving treatment for breast cancer, the artist started to examine the body's fragile balance and the instabilities that threaten both humanity and the planet.

PN: For several months after my cancer, I felt as if I needed to digest the experience. After you've finished chemotherapy, after your hair grows back, after colors return, people think that you're no longer ill—but that is when you get the cancer blues, like the baby blues. In this situation, everyone reverts to some kind of superstition. For me, I became interested in the question of catharsis and ex-votos. These objects have fascinated many artists, but they are especially important to me because they are linked to craftsmanship—in fact, the link between illness and the sacred is the craftsman.

In Vitro Fertilization is a unique piece, consisting of found lab objects that look like organs. I met a dealer at the flea market, a former doctor, who had a large stock of lab glassware. We spent hours looking for the heart, the uterus, etc., and that's how I was able to re-create a body. *River Woman* is a tree-body made of Pyrex. This work, which was inspired by the veins in the body, is very important to me. If you were to put the veins of a human body on a table, it would look like a tree, with branches and roots, or rivers viewed from the sky. This relationship to the body and to nature recalls the interdependence of the environment with animal species. The idea for an ex-voto is not viewed merely on the scale of a human being, but also on that of a healing process for the natural ecosystem. These veins, which are found in human and animal bodies as well as in the flux of tree sap and rivers, are among the fractal forms reminding us that we are all part of a single entity.

AMAZON

Like Jensen's Gradiva, *interpreted by Freud and celebrated by the Surrealists, the Amazon is a fascinating mythological figure, one that contemporary women have reclaimed as their own.*

PN: I sculpted my own ex-voto, *The Amazon*, a 4-meter-high work that I exhibited in New York in late 2018. I had just had a mastectomy, followed by reconstruction, and I wanted to mark all this, because it was important to celebrate it, to ritualize it. I had seen a sculpture of an Amazon at the Met Museum that reminded me of the Amazon Agnès Varda discussed in a scene from my film *Serendipity*. I thought this sculpture was magnificent, she had her arm raised as if she was looking at her scar, which was on the right, like mine. I was looking for a permanent material, and I discovered that it existed in Japan, in the ex-votos for women who have had miscarriages, made from a type of concrete that can be worked like clay. I had given the Amazon two breasts, and I then covered her with sticks of incense; I rented a barge on the Hudson River, set the sculpture on it, and invited my entire family. They lit the incense as a symbol of healing and then, in front of them, I broke one of the breasts. The symbolic idea was this: I was a sculptor, I became a sculpture in the hands of the doctors, and with this, I became a sculptor once again.

MACRO-BODIES

PN: I like to work small, just as I like to work large. I would never, however, use a scanner or 3D printer to transform a small sculpture into a very large one without reworking the piece. I don't think that a small work can be transformed into a large one all that easily; you have to think big for the very large ones. What interests me is the connection between the macro and the micro: how certain microscopic forms inside our bodies appear on a larger scale in the environment, in a landscape. This fascinates me.

Working large means that the process will be a long one. This allows time for an interactive experience with people who become involved with the sculpture: visitors can enter inside the giant Buddha head I made in 2017 at the Musée Guimet, as well as inside the womb of the sculpture at Château La Coste. I wonder if very large-scale works may also have a connection with *Gulliver's Travels* and other childhood memories. After producing the Buddha for the Musée Guimet, I remembered that I had traveled to Sri Lanka with my parents when I was seven years old and that I saw a reclining Buddha there that had fascinated me. Everything that we see in our childhood nourishes what we will later become. With the Château La Coste sculpture, seeing the elements of the woman's body standing out against the curves of the mountain behind her reminds me of seeing shapes in the clouds when I was small.

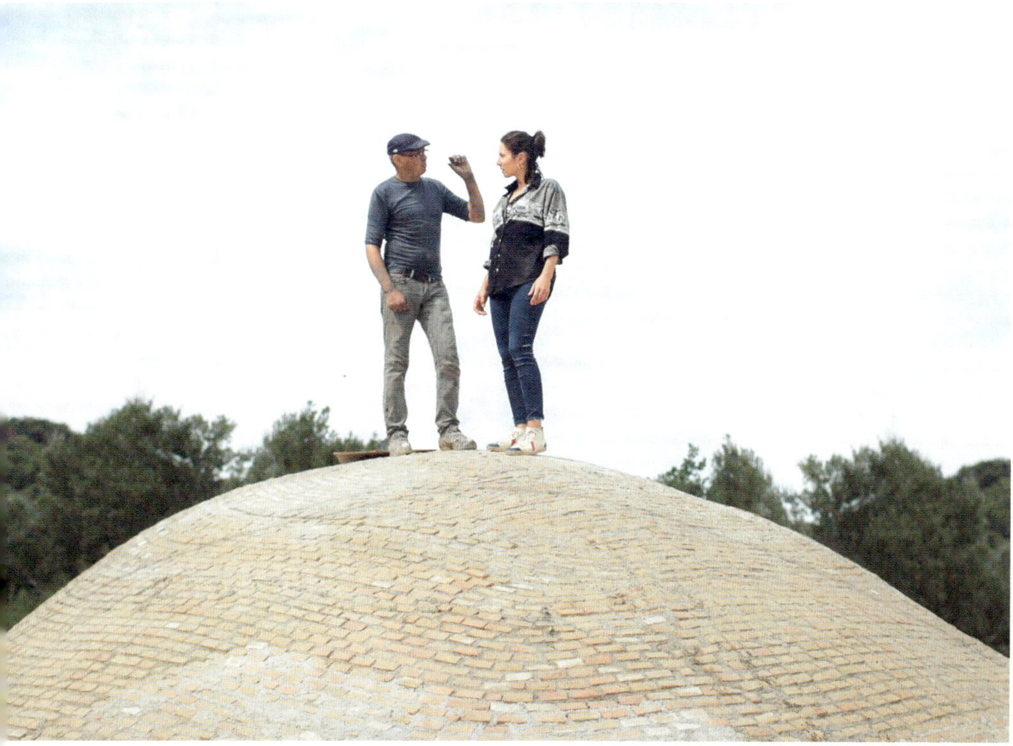

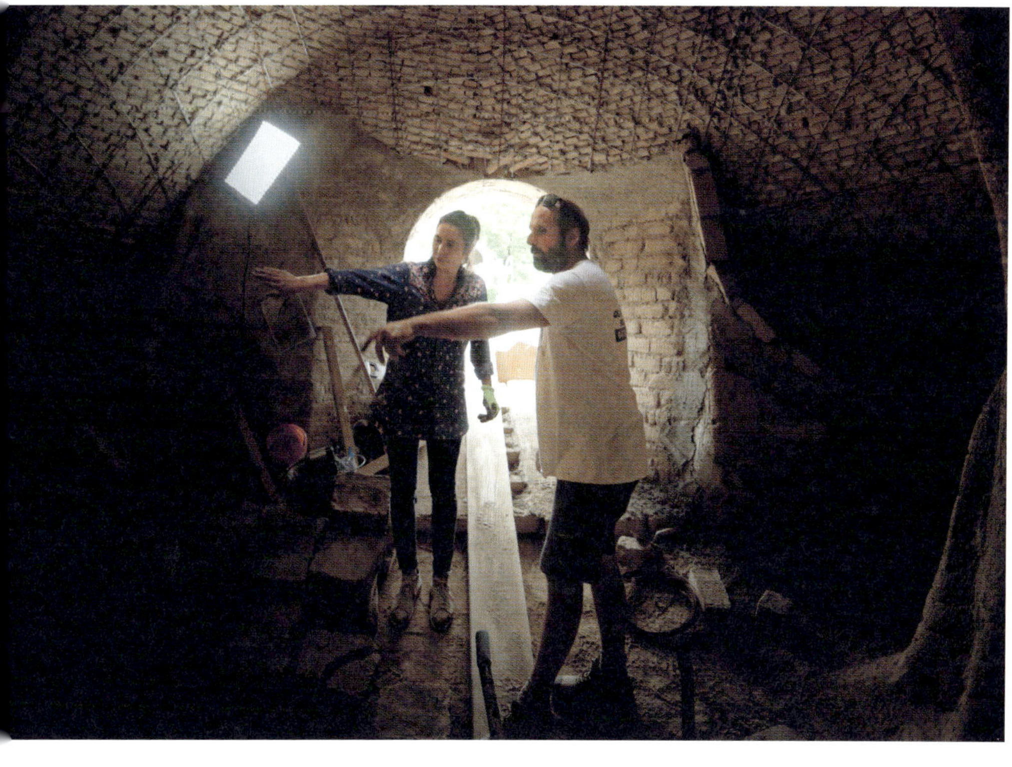

Prune Nourry et Franck Barboiron, son bras droit,
Château La Coste, 2022
Prune Nourry and her right-hand man Franck Barboiron,
Château La Coste, 2022

Prune Nourry et Laurent Petrone,
Château La Coste, 2022
Prune Nourry and Laurent Petrone,
Château La Coste, 2022

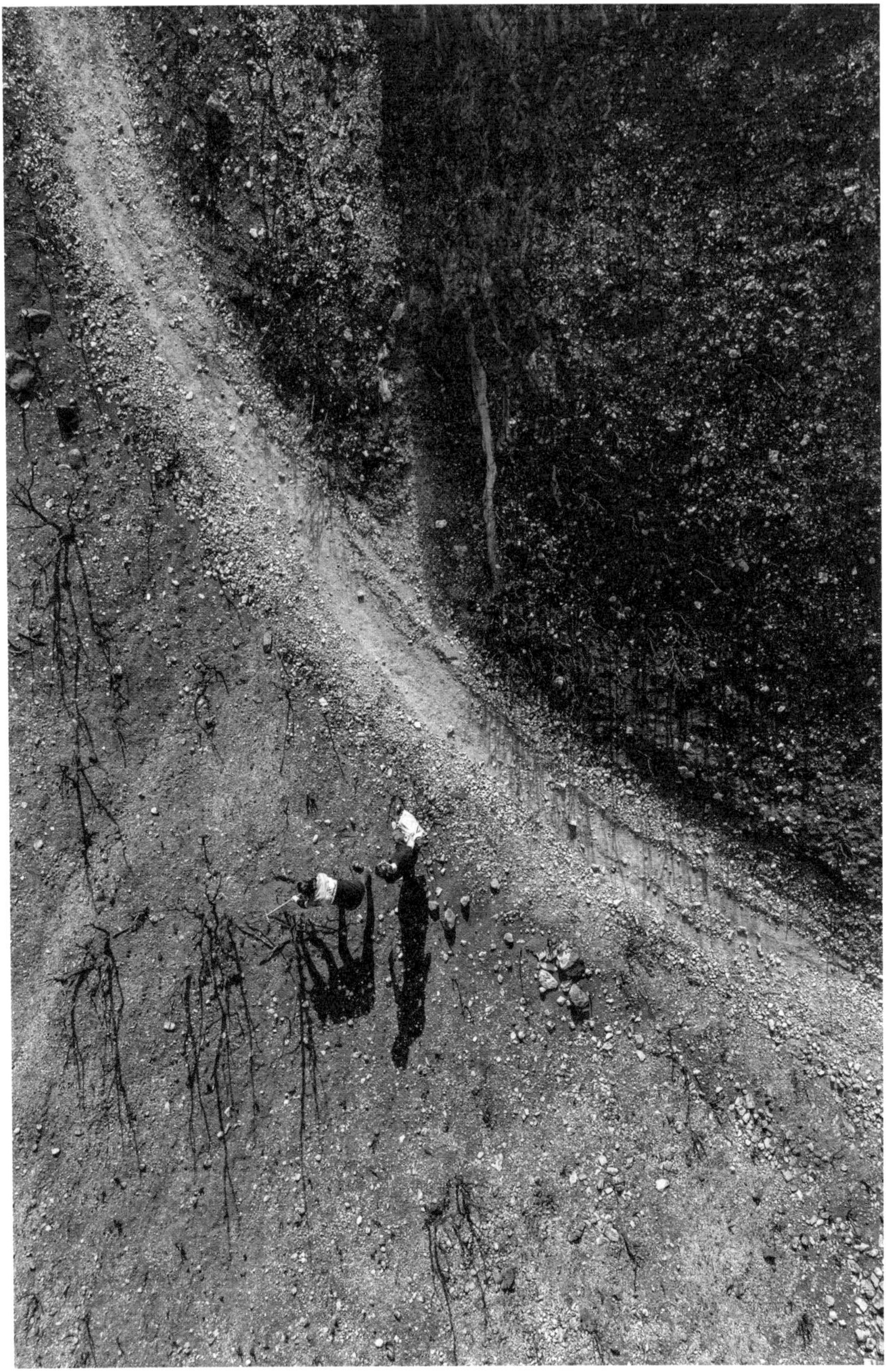

Collecte des cendres issues de feux de forêt, massif des Alpilles, France
Gathering ash from the forest fires, Chaîne des Alpilles, France

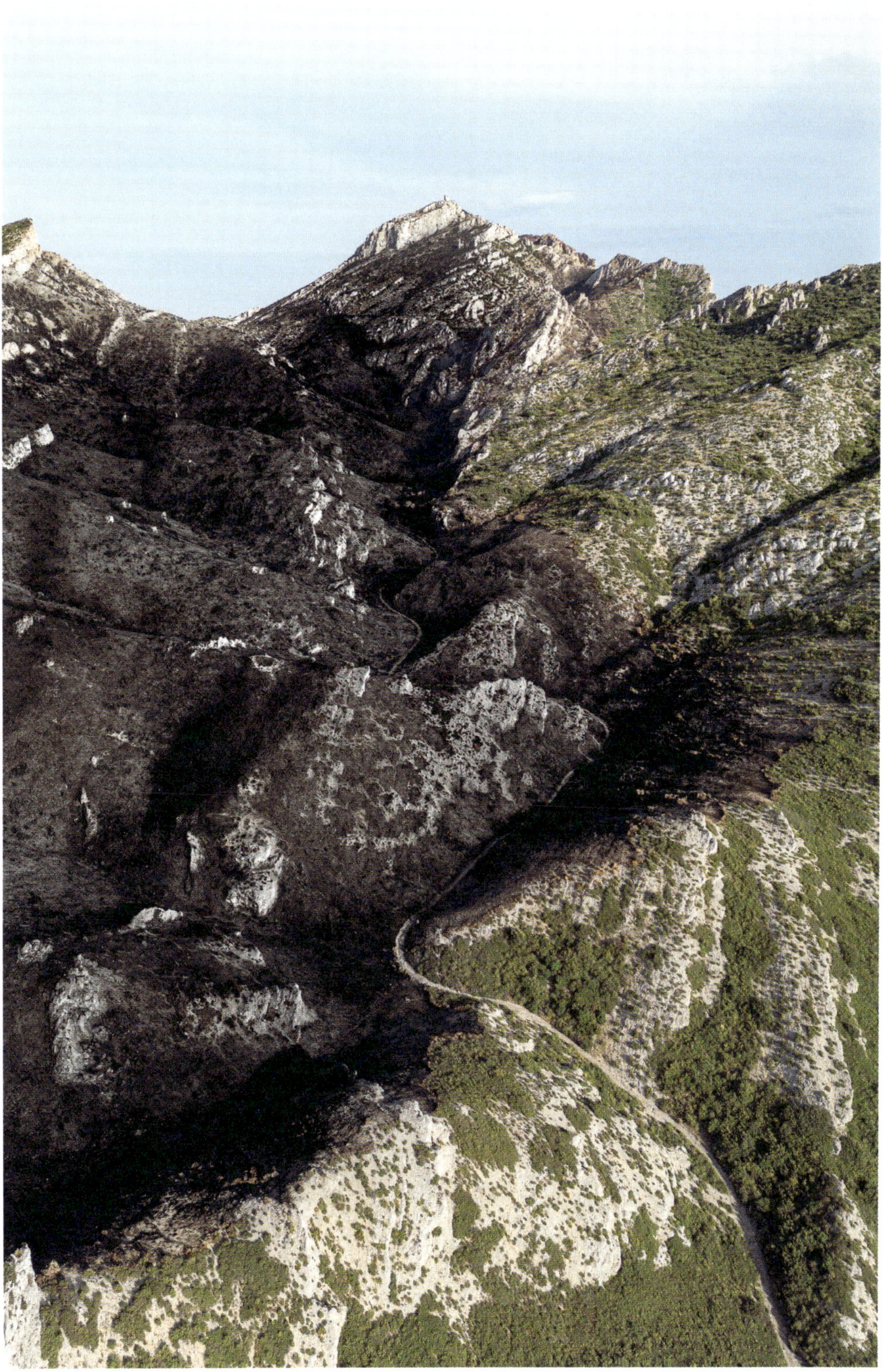

mater earth

EN QUELQUES CHIFFRES ET DÉTAILS / KEY FIGURES AND DETAILS

LES DIMENSIONS / DIMENSIONS

Longueur : 27,40 mètres / Length: 27.4 meters

Largeur : entre 5 mètres et 12,50 mètres / Width: between 5 and 12.5 meters

Hauteur du ventre : 3,60 mètres / Height of the belly: 3.6 meters

Hauteur des jambes : 4,40 mètres / Height of the legs: 4.4 meters

LE POIDS / WEIGHT

Le poids de l'ouvrage : 470 tonnes / Total weight: 470 tons

La clé de voûte en verre coulé : 250 kilogrammes / Cast glass keyston: 250 kilograms

LES MATÉRIAUX / MATERIALS

Pierre de Rians (calcaire), terre tamisée, sable, paille, argile, briques de terre crue (fabriquées sur place), briques pleines, briques alvéolaires, ciment, acier inox, chaux aérienne, pigment de vigne noire, poudre de marbre noir, cendres, béton de terre, verre, lasure (silicate de potassium) / Pierre de Rians (limestone), sifted soil, sand, straw, clay, raw earth bricks (made on site), fired-earth bricks, honeycomb bricks, cement, stainless steel, lime plaster, grapevine pigment, black marble powder, ash, earth concrete, glass, coating (potassium silicate)

LE NOMBRE DE BRIQUES / NUMBER OF BRICKS

21 500 briques pleines en terre cuite / 21,500 fired-earth bricks

1 800 briques alvéolaires en terre cuite / 1,800 honeycomb bricks

8 000 briques en terre crue / 8,000 raw earth bricks

QUELQUES DATES / SELECTED DATES

Fabrication des briques de terre crue : de juillet à septembre 2021 / Production of raw earth bricks: July to September 2021

Début des fondations : mars 2022 / Start of foundations: March 2022

Fin de la construction : décembre 2022 / End of construction: December 2022

ÉQUIPE / TEAM

Environ 80 personnes / Approximately 80 people

Près de 14 corps de métiers / Nearly 14 different professions

1 cheval de trait nommé Vénus / 1 draft horse named Vénus

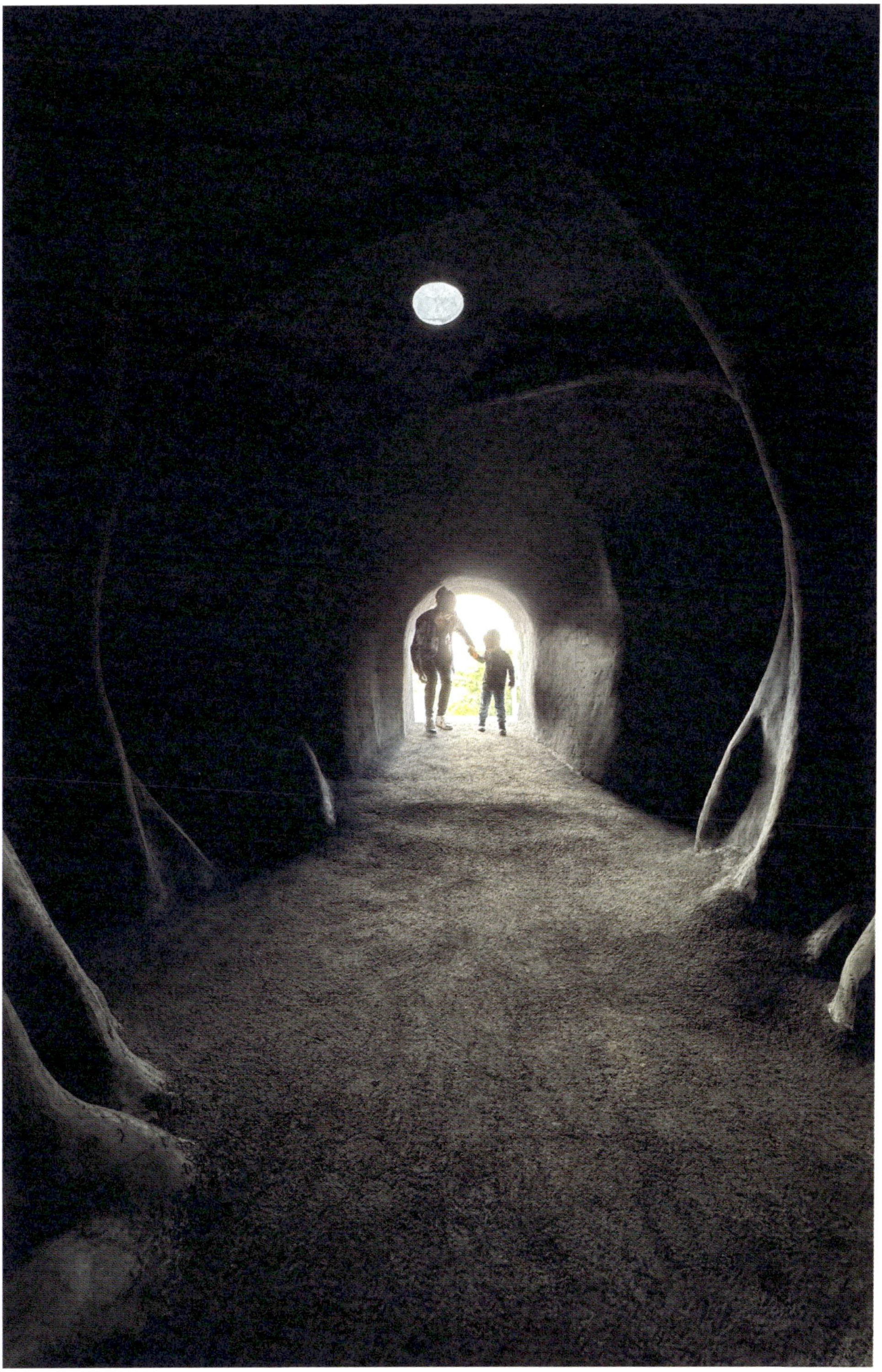

Prune Nourry et son enfant entrant dans le ventre de *Mater Earth*, Château La Coste, octobre 2022
Prune Nourry and her child entering the belly of *Mater Earth*, Château La Coste, October 2022

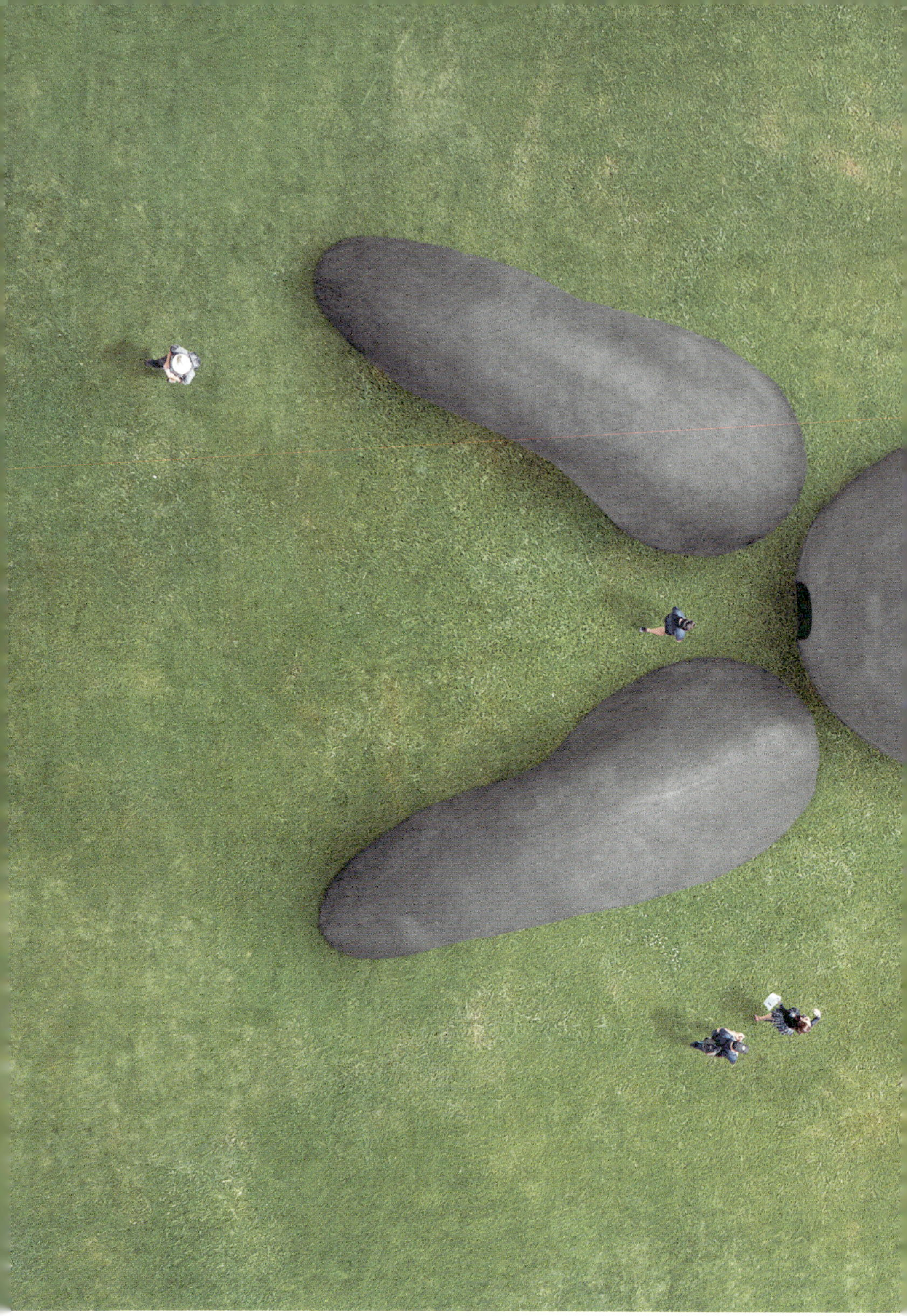

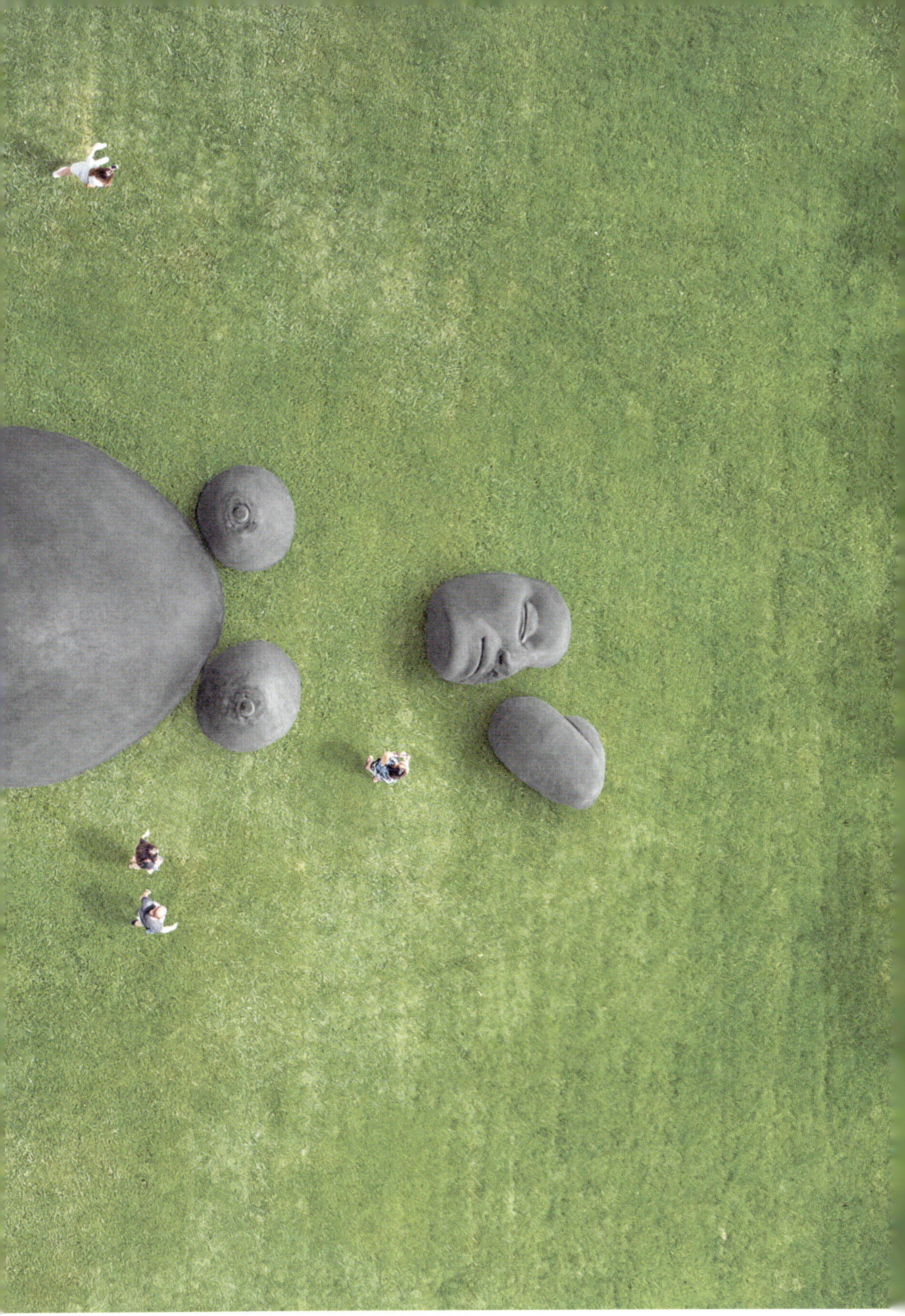

MATER EARTH, Château La Coste, 2022
L'œuvre finale avec simulation de l'herbe
The final work with simulated grass

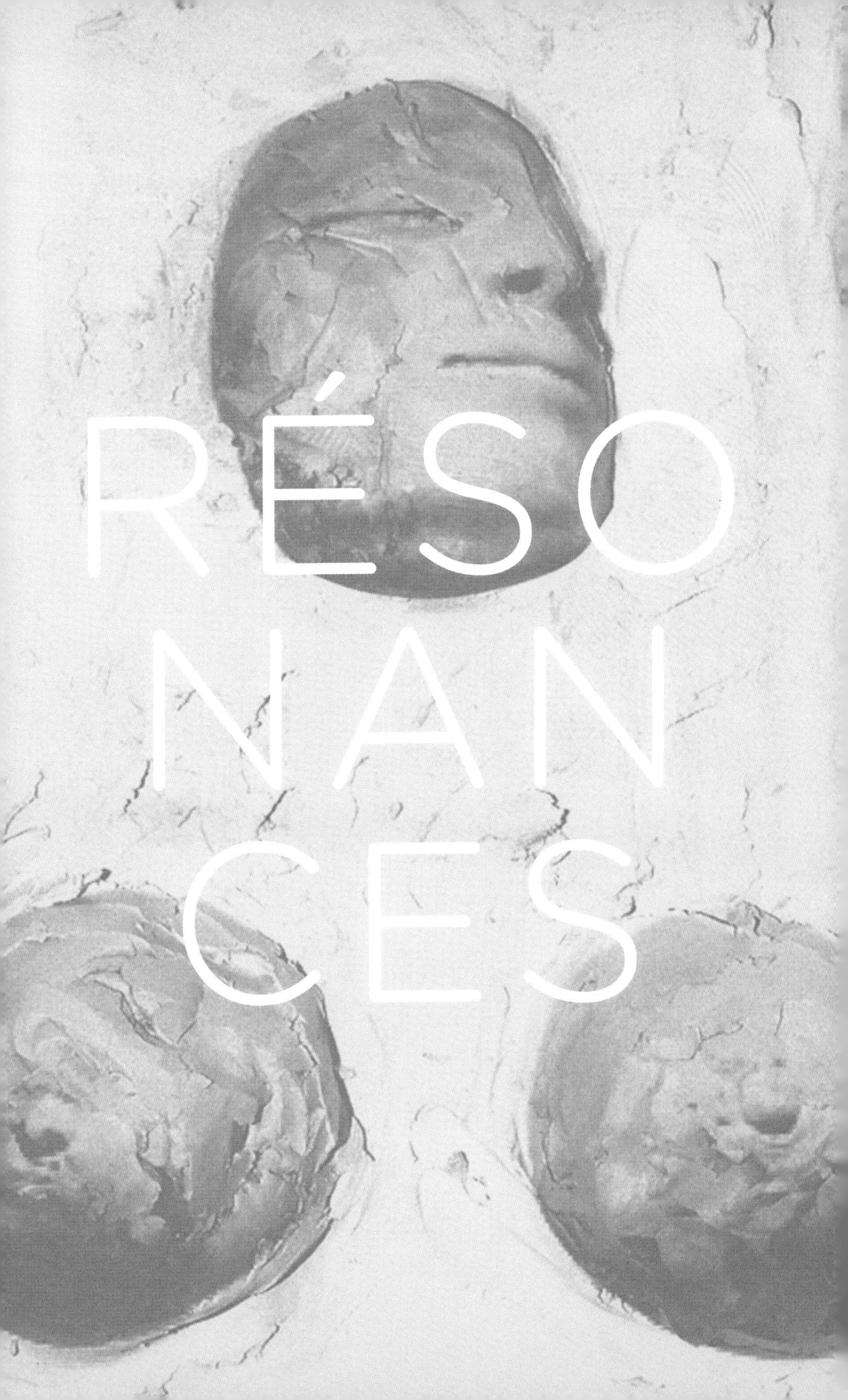
RÉSO
NAN
CES

extraits du / excerpts from *Journal de la création*

PAR / BY NANCY HUSTON

Ces "résonances" constituent une collection de motifs culturels ou artistiques qui ont inspiré *Mater Earth* à différentes étapes de sa réalisation. Les lignes de Nancy Huston, à la fois sensibles et réflexives sur la maternité, évoquent, en miroir, la lente métamorphose à laquelle ouvre toute création.

These "resonances" form a collection of cultural and artistic motifs that inspired *Mater Earth* during various stages of its production. Nancy Huston's sensitive and thoughtful words on maternity offer a mirror image of the slow metamorphosis that unfolds with every creative work.

Et Dieu créa la femme.
Et de la tête de Zeus jaillit Athéna, armée de pied en cap.
Et Héphaïstos fabriqua Pandore.
Et Pygmalion donna vie à Galatée.
Et de la côte d'Adam fut tirée Ève.
Et des connaissances mécaniques du professeur Coppélius émergea Olympia, la femme-machine.
Et du prodigieux savoir électrique de Thomas Edison surgit Hadaly, femme idéale, Ève future.
Or Dieu, Héphaïstos, Pygmalion, Zeus, Adam, Coppélius, Edison... ont en commun d'être tous des *personnages* – de mythes, de fables, de contes ou de romans. ("Tout ça, c'est des histoires.")

And woman was created by God.
And Athena sprang fully armed from Zeus's head.
And Pandora was made by Hephaestus.
And Galatea was brought to life by Pygmalion.
And Eve was made out of Adam's rib.
And Olympia, the machine-woman, arose from the scientific knowledge of Professor Coppelius.
And Hadaly, Eve of the Future, ideal woman, arose from Thomas Edison's prodigious electrical know-how.
Now, what God, Hephaistos, Pygmalion, Zeus, Adam, Coppelius and Edison all have in common is that they are *characters*. They've come down to us through myth, fable, fairy tale or novel. ("Oh, that's just a story.")

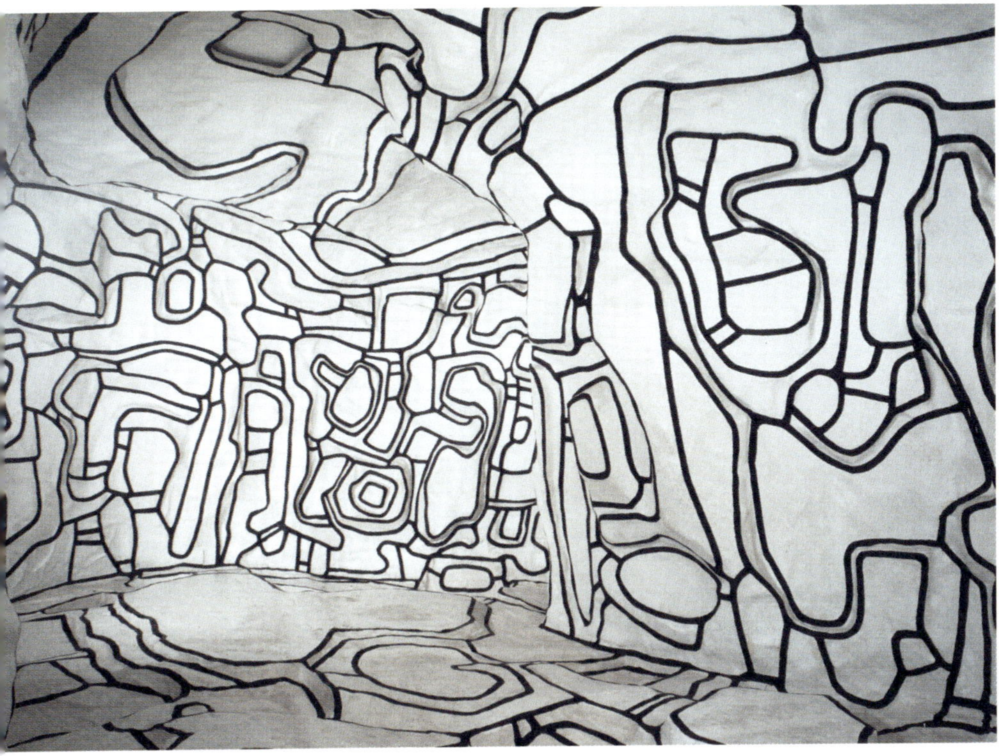

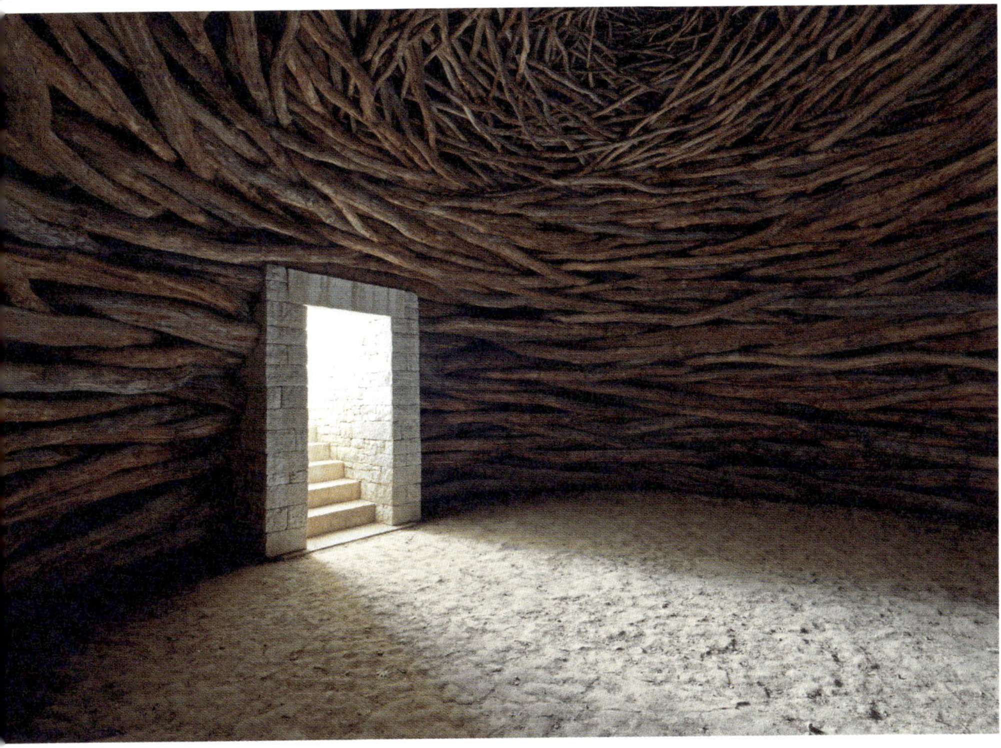

JEAN DUBUFFET, *JARDIN D'HIVER*,
Centre Pompidou, 1969

ANDY GOLDSWORTHY, *OAK ROOM*,
Château La Coste, 2009

La semaine dernière, passant une nuit seule dans mon studio, j'ai senti dans mes entrailles les tout premiers frémissements de l'enfant. J'étais au lit, étendue, détendue, la pluie tambourinait sur le toit et les fenêtres, j'étais contenue par la chambre comme l'embryon était contenu par moi, j'étais sa chambre à lui, je me suis demandé si, quand je prenais une douche, il entendait le jet d'eau sur mon ventre de la même manière que j'entendais la pluie sur le toit... L'idée de faire partie d'une série rassurante d'emboîtements – d'être à la fois à l'intérieur, protégée, et à l'extérieur, protectrice – m'a remplie d'une félicité inattendue.

Cet être que je contiens, en plus des rudiments de bras et de jambes, a déjà une ébauche de cerveau.

L'acte de l'esprit par excellence, le geste fondateur de toutes les philosophies, cosmogonies et religions, consiste à *rejeter l'évidence des sens*. Nier que la vie, y compris la vie de l'esprit, s'origine dans un corps de femme, à la faveur de la rencontre éminemment aléatoire d'un spermatozoïde et d'un ovule. Proclamer que l'intelligence engendre la matière, et non le contraire. Toutes les populations humaines le font. C'est le fait même de la culture : transcender la nature. Mettre une chose pensée à la place d'une chose vue. Contrarier les apparences. Faire rêver. Décoller du réel. Bafouer les lois de la pesanteur. Prendre son envol...

Spending a week alone in my studio recently, I felt the first stirrings of the child in my entrails. I was lying in bed, stretched out and relaxed, the rain was beating down on my roof and windows, I was contained by the room just as the embryon was contained by me, I was in effect its room, and I wondered if, when I take a shower, the water drumming on my tummy made the same sound to it as the rain on the roof to me ... The idea that I was part of a reassuring series of boxes—at once inside and outside, protected and protecting—filled me with unexpected joy.

The person inside of me, in addition to rudiments of arms and legs, already has the rough draft of a brain.

The act of mind par excellence, the inaugural gesture of all philosophies, cosmogonies and religions, is to *reject the evidence of the senses*. To deny that human life (including the life of the mind) originates in a female body after the random meeting of a sperm and an egg, proclaim that intelligence engenders matter instead of the other way around. All human populations do this. It's the very essence of culture to transcend nature. Replace something seen by something thought. Fly in the face of appearances. Make us dream. Leave reality behind. Overcome the laws of gravity. Take flight ...

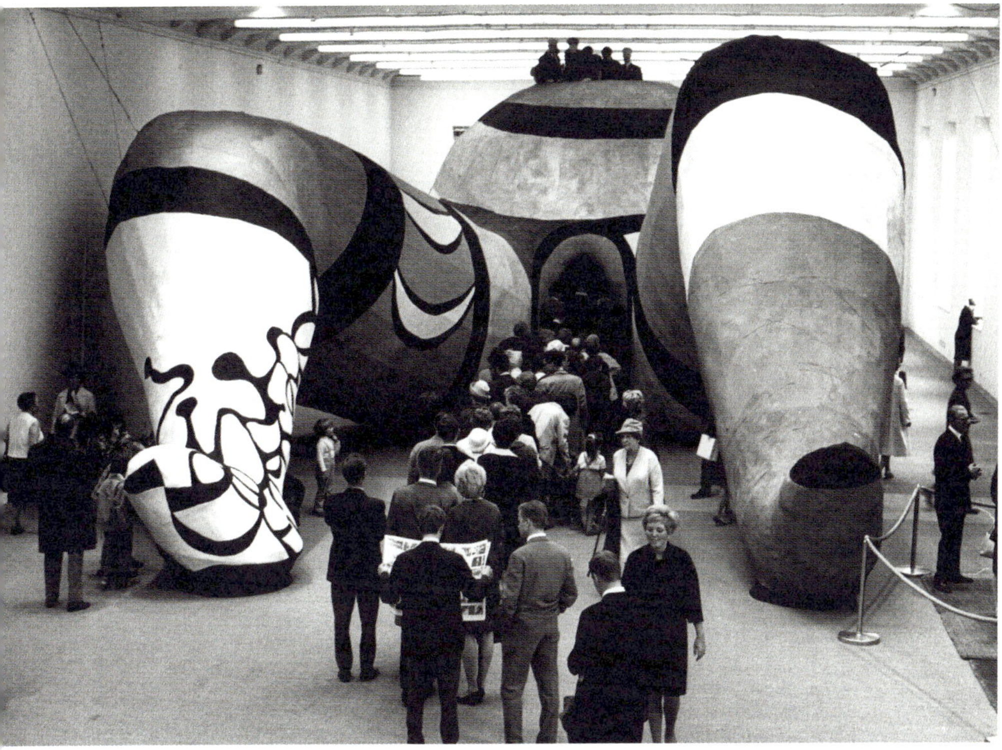

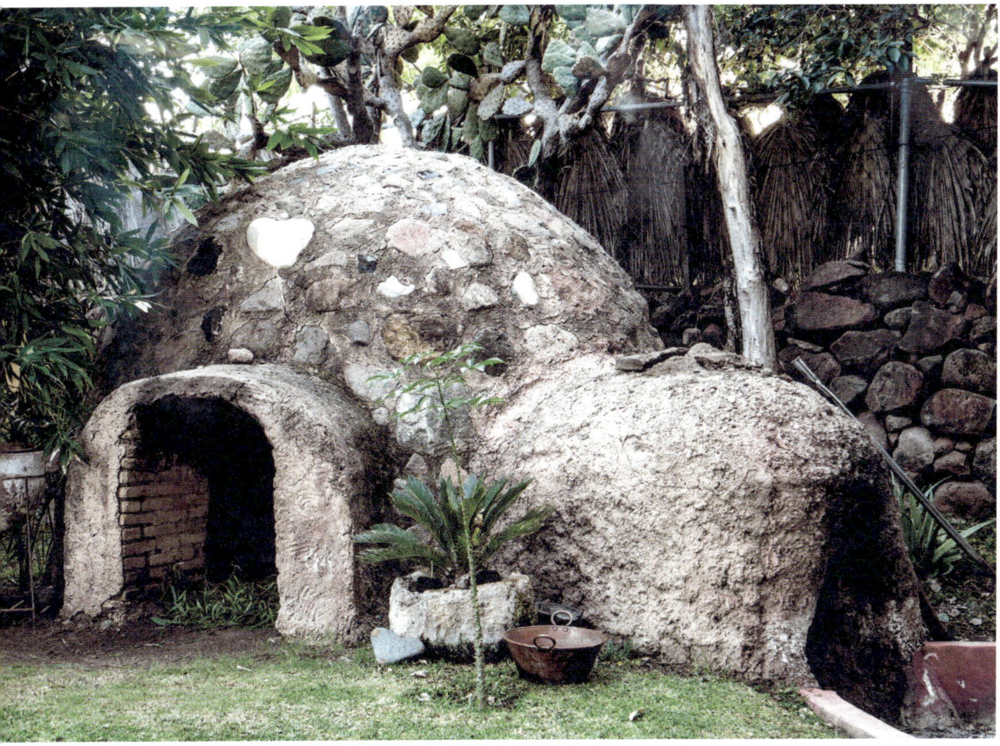

NIKI DE SAINT PHALLE ET JEAN TIGUELY, *HON*,
Moderna Museet, Stockholm, 1966

TEMAZCAL MEXICAIN / MEXICAN TEMAZCAL

Et pourtant, oui, c'est vrai : à de rares et significatives exceptions près (Sappho, grand poète, lesbienne, non-mère), ce sont des hommes qui, de tout temps, ont su s'arroger l'*autorité* de la création, osant se mettre à la place de Dieu, "*auteur* de toutes choses". Créatrice, *la* créature par excellence ? Les femmes, même lorsqu'elles désirent ardemment devenir des auteurs, sont moins convaincues de leur droit et de leur capacité à le faire. Pour la bonne raison que, dans toutes les histoires qui racontent la création, elles se trouvent non pas du côté de l'*auctor* (auteur, autorité), mais du côté de la *mater* (mère/matière).

En effet, les pliables et malléables "matières" de l'art – qu'il s'agisse de mots à agencer en poésie ou de pierres à façonner en statues, d'objets à saisir en photographies ou de bruits à moduler en musiques – sont inlassablement décrites comme féminines. Et, alors que rien n'est plus banal que de dire qu'un créateur est "amoureux fou" de son activité artistique, voire "marié" avec elle, on n'entend presque jamais parler de l'art comme Époux de la femme artiste.

La femme est l'œuvre d'art de l'homme ; l'œuvre d'art est la femme de l'homme : en fait, ces deux énoncés s'impliquent et s'expliquent l'un l'autre.

On the other hand, it's true that from time immemorial, with a few significant exceptions (Sappho, for instance, great poetess, Lesbian, non-mother), it is men who have monopolized the *authority* of creation and dared to take the place of God, "*author* of all things." How could the "creature" par excellence be a creator? Even women who desperately longed to become authors have generally been less convinced than men of their right and ability to do so ... because in all representations of creativity, they're portrayed as related not to *auctor* (authorship/authority) but to *mater* (maternity/materiality).

The pliable, malleable "materials" of art—whether words to be organized into poetry or stones to be shaped into statues, objects to be captured in photographs or sounds to be modulated into music—have been endlessly described as female. And whereas there's nothing less common than to hear a creator describe himself as "madly in love with" or even "married to" his artistic activity, you almost never hear art described as a female artist's "Husband."

Women are men's artwork; artworks are men's wives: the two statements actually imply and explain one another.

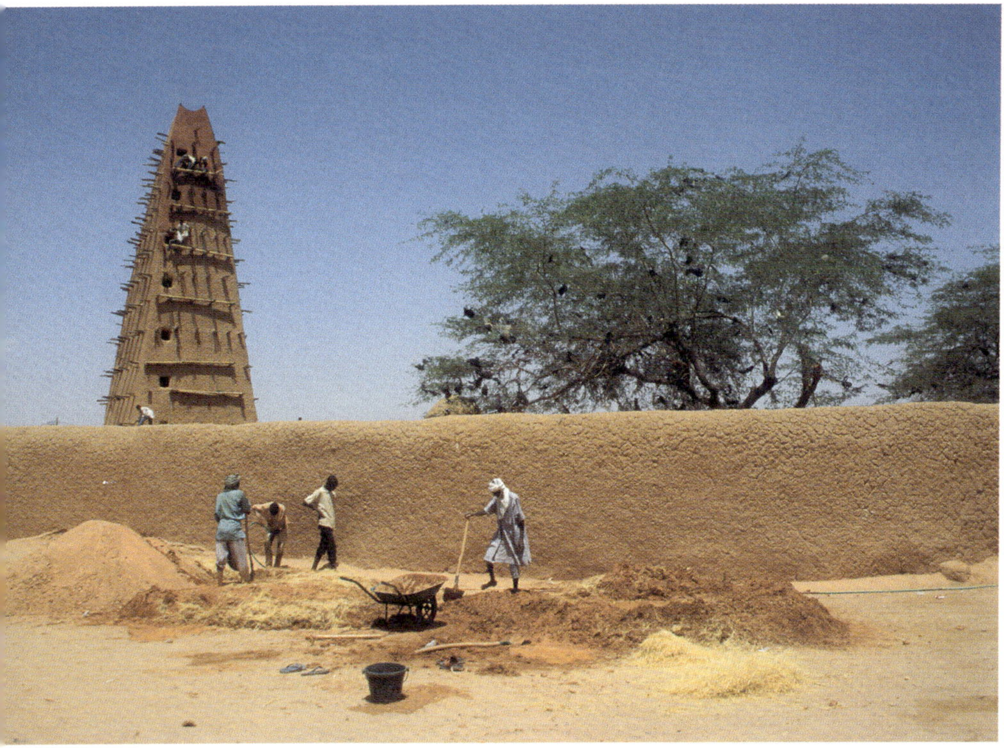

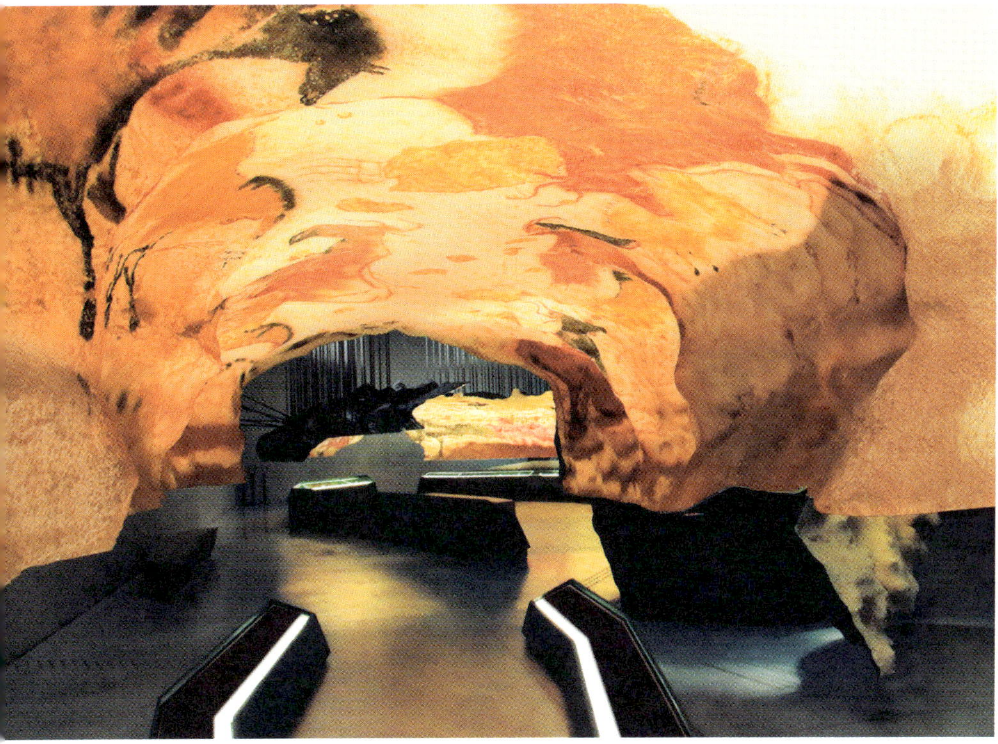

MOSQUÉE AGADEZ, Niger, 2005
Restauration de la mosquée d'Agadez par Wilfredo Carazas Aedo
Restoration of the Agadez Mosque by Wilfredo Carazas Aedo

LASCAUX IV – CENTRE INTERNATIONAL DE L'ART PARIÉTAL, Montignac-Lascaux, 2009
La grotte de Lascaux recréée par Snøhetta
The Cave of Lascaux recreated by Snøhetta

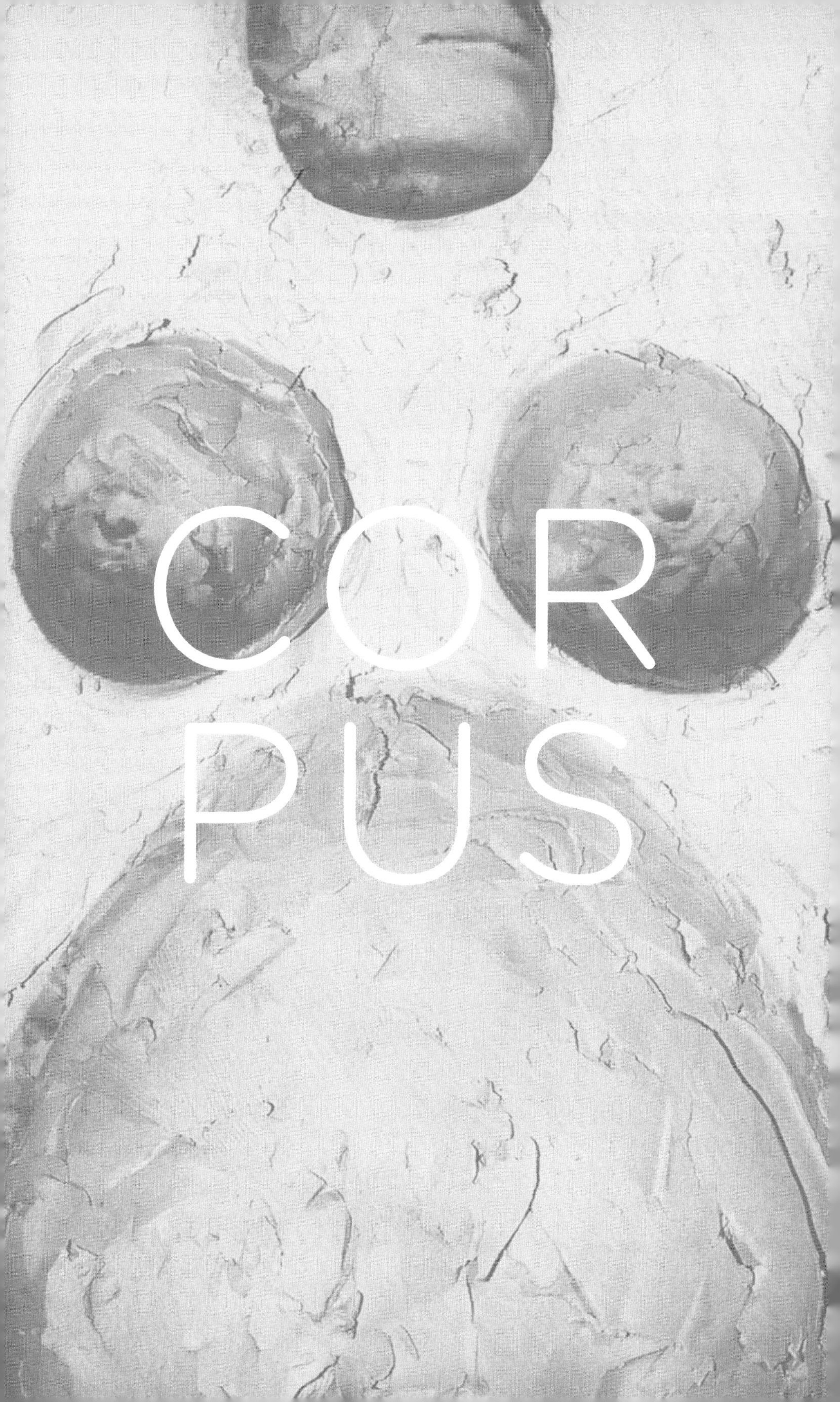
COR
PUS

Self-portrait in fetal position

En 2007, Prune Nourry réalise un "autoportrait en position fœtale" dans un scanner, comme une introduction à ses œuvres à venir, notamment les projets *Dîner procréatif* en 2009 ou *Holy Daughters* en 2010, qui questionnent la sélection de l'humain à travers les dérives scientifiques. En écho, elle demande à une amie enceinte de poser dans une piscine de lait et s'inspire de la photographie pour réaliser *Milkpool (Vertical)*, sculpture sur laquelle elle projette une échographie filmée en Inde.

In 2007, Prune Nourry created a "self-portrait in fetal position" in a scanner, as an introduction to her subsequent works, notably the *Dîner procréatif* in 2009 and *Holy Daughters* in 2010, which challenge the selection of human traits through scientific aberrations. Pursuing this theme, she asked a pregnant friend to pose in a pool of milk, then used the photograph as inspiration for *Milkpool (Vertical)*, a sculpture on which she projected an ultrasound filmed in India.

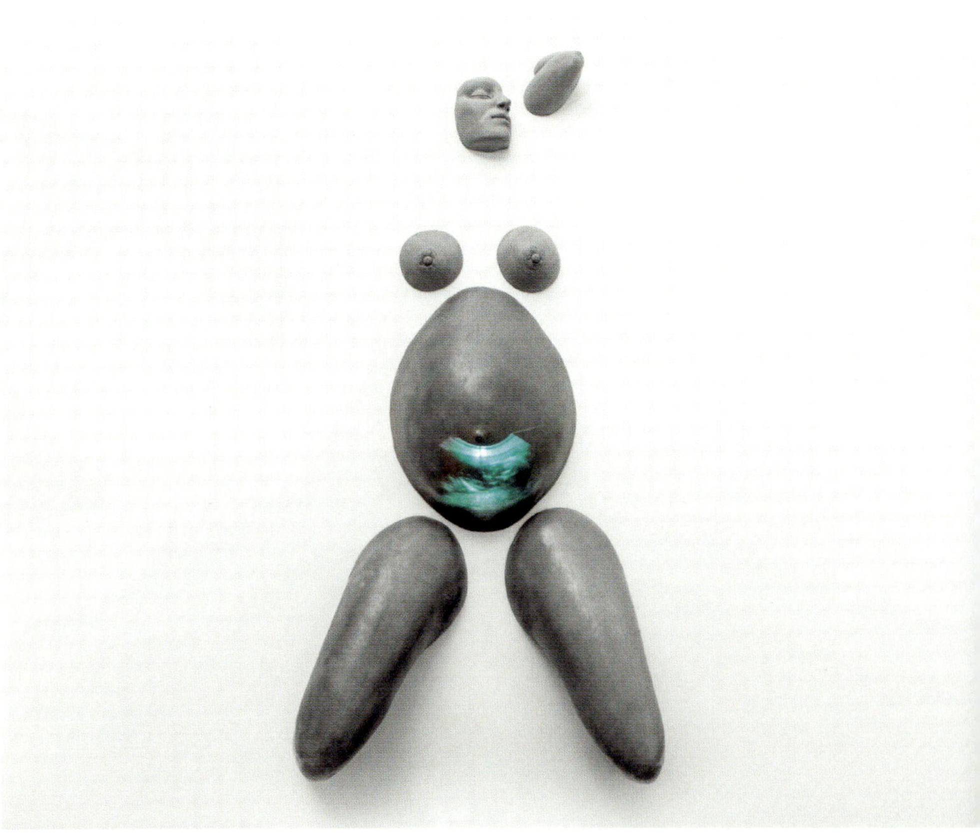

MILKPOOL (VERTICAL), 2009
Béton, projection
Concrete, video projection
170 × 120 × 30 cm

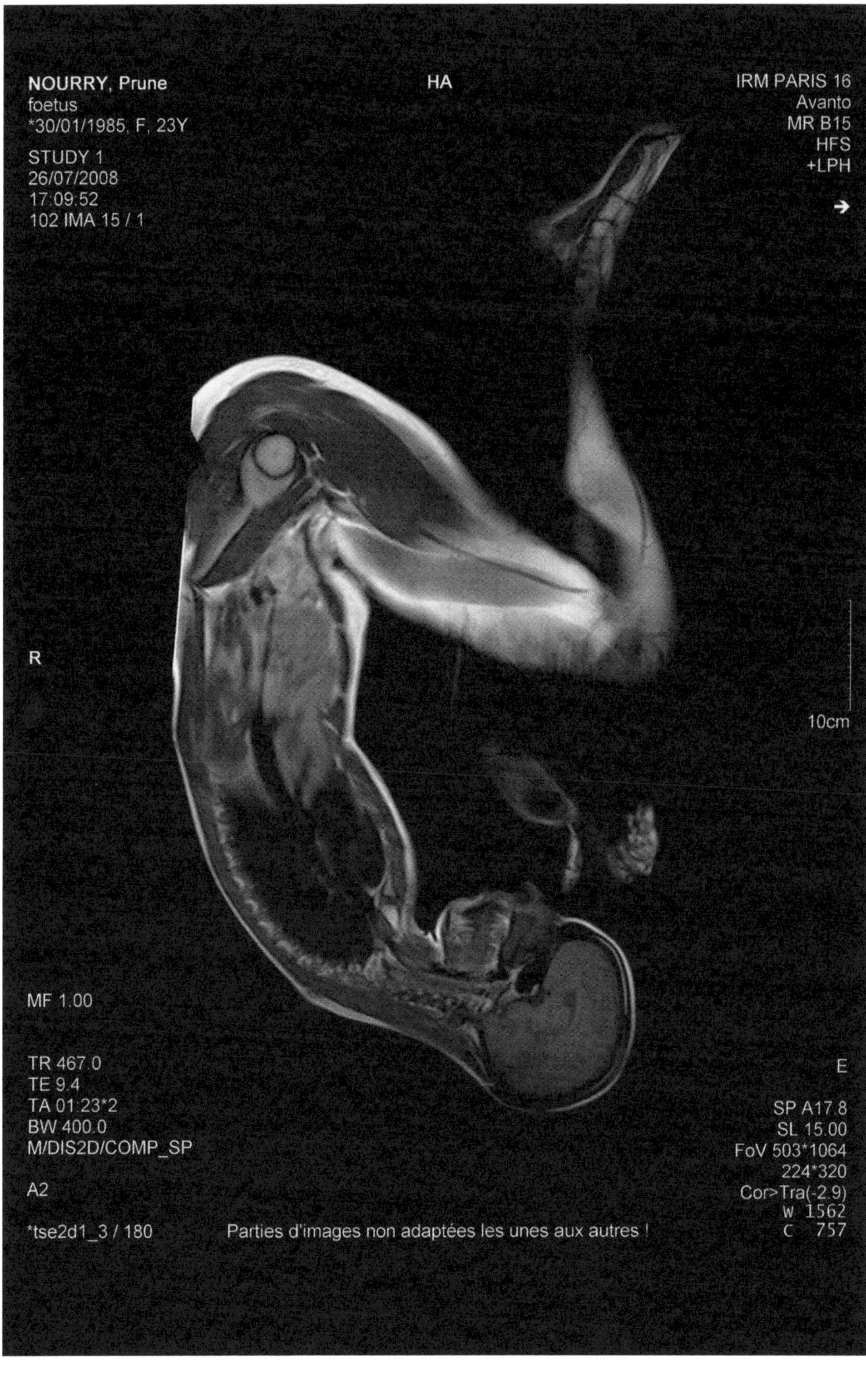

SELF-PORTRAIT IN FETAL POSITION, 2007
IRM de Prune Nourry
MRI of Prune Nourry

Cercles de vie

Inspirée par la figure de la femme enceinte, Prune Nourry réalise plusieurs œuvres de tailles et de matières différentes. En 2016, elle apprend qu'elle a un cancer du sein et décide d'utiliser la maladie comme une matière artistique. Naissent ainsi le projet *Catharsis*, le film *Serendipity* et le livre *Aux Amazones* narrant son combat, son désir de guérison et de fertilité. *La Femme miracle* est une sculpture inspirée des ex-voto mexicains où le corps morcelé rappelle le parcours des traitements.

Inspired by the figure of the pregnant woman, Prune Nourry made several works of different sizes and from various materials. In 2016, she learned that she had breast cancer and decided to use her illness as an artistic medium, thus creating the *Catharsis* project, the film *Serendipity*, and the book *Aux Amazones*, recounting her battle and her desire for healing and for fertility. *La Femme miracle* is a sculpture inspired by Mexican ex-votos in which the dismembered body echoes the treatments she underwent.

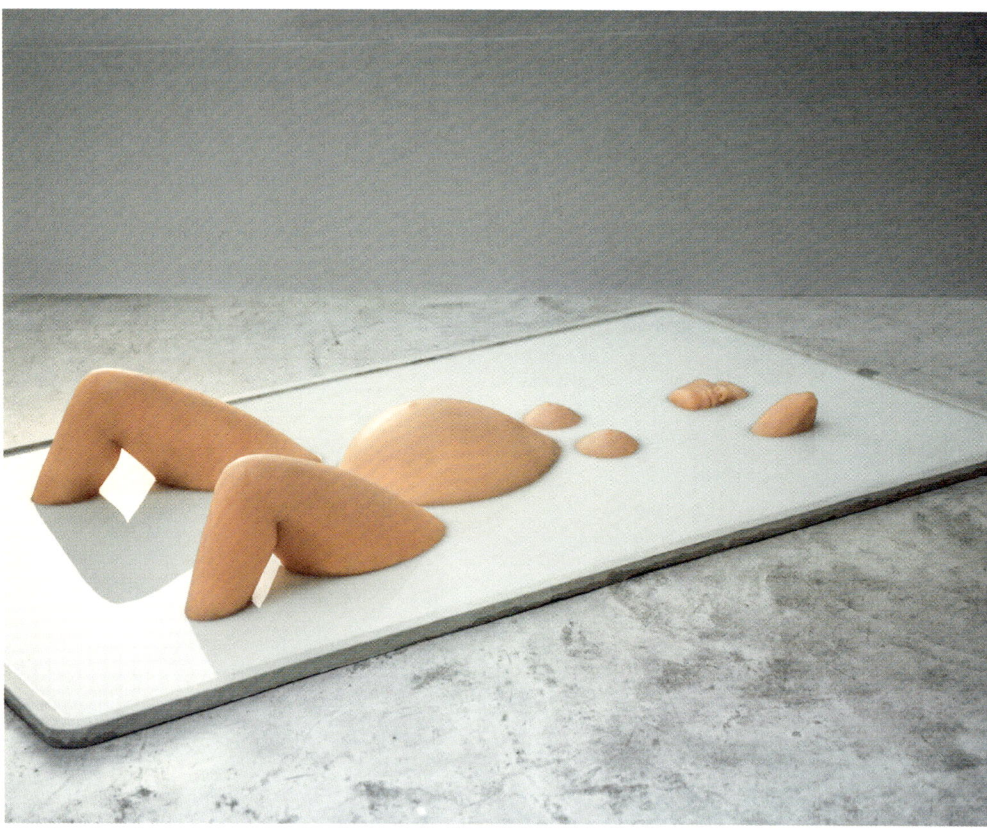

MILKPOOL (HORIZONTAL), 2009
Silicone, béton, lait
Silicon, concrete, milk
240 × 140 cm

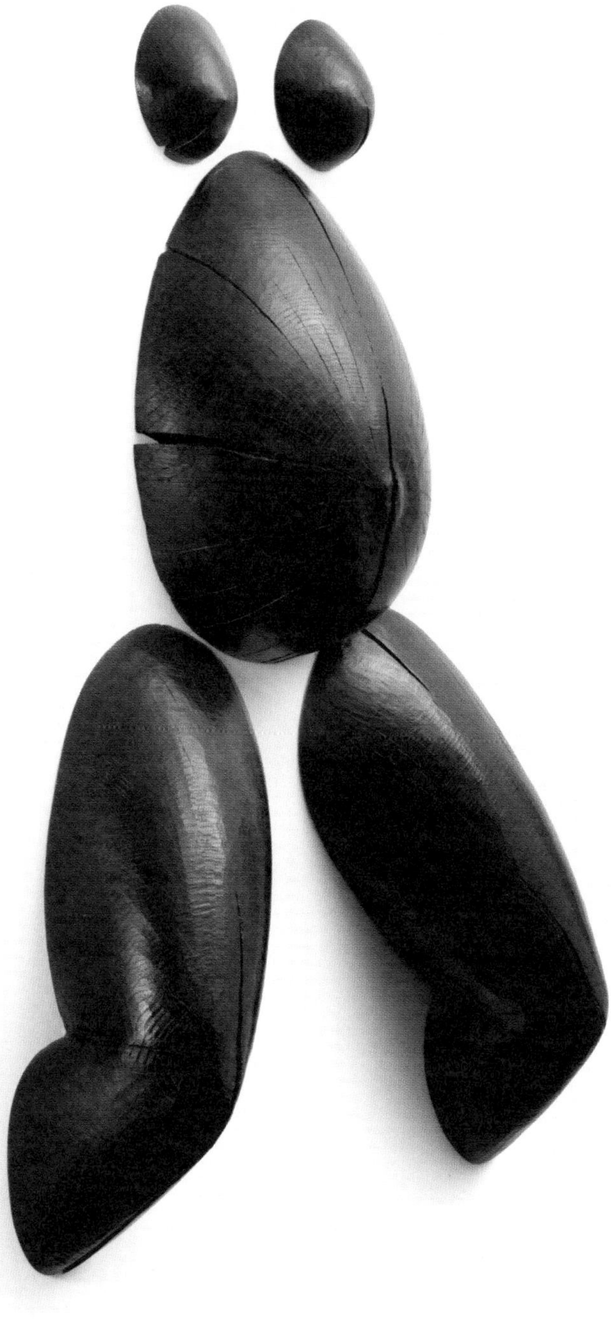

CERCLE DE VIE, 2021
Bronze
Bronze
114 × 90 × 20 cm

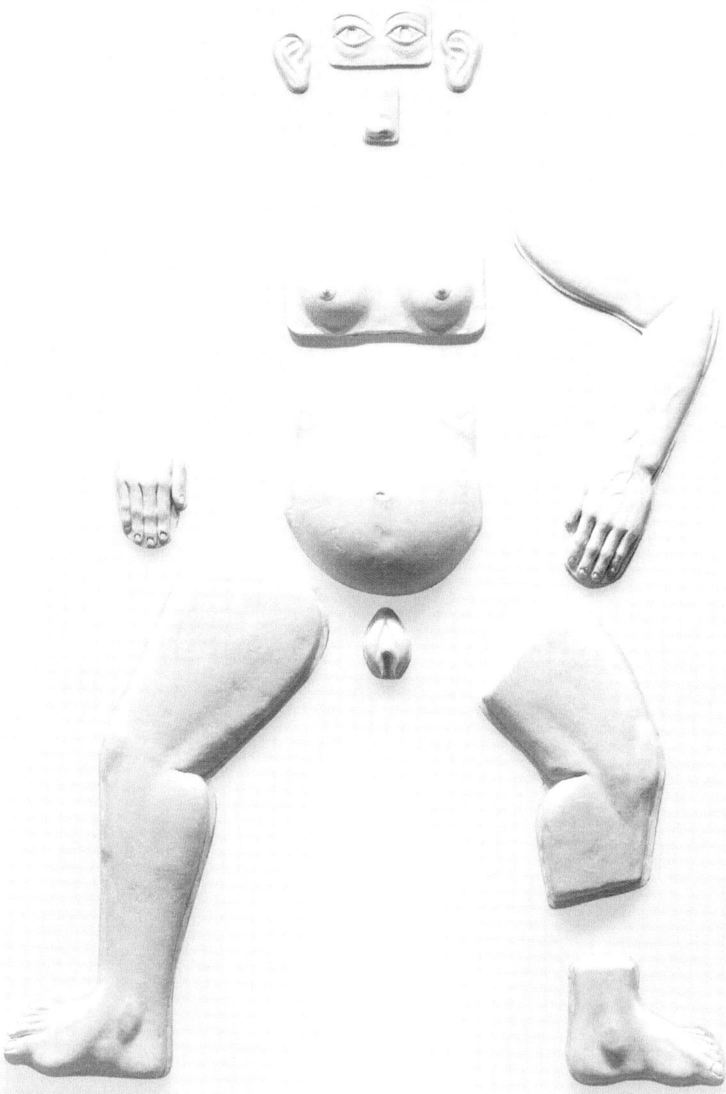

LA FEMME MIRACLE, 2019
Terre cuite
Terracotta
232 × 170 × 12 cm

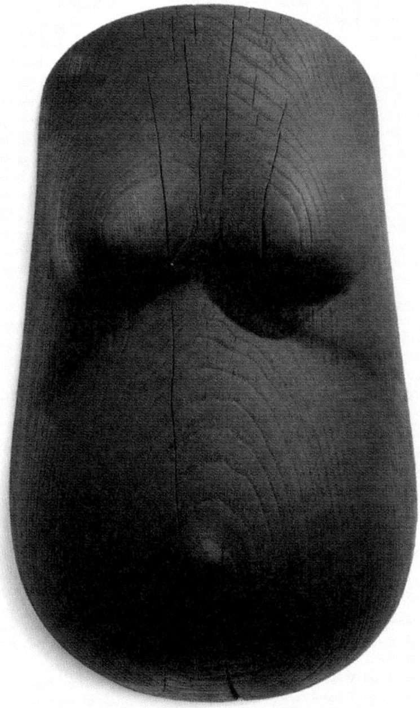

Masques de fertilité

Prune Nourry sculpte des bustes féminins inspirés des masques africains utilisés lors des cérémonies de fécondité, en vrai bois ou en faux bois. Ceux-ci, présentés dans le contexte d'un opéra, sont en stuc avec une peinture à l'huile imitant le bois à la manière des trompe-l'œil du théâtre.

Prune Nourry sculpts feminine busts inspired by African masks used during fertility ceremonies, from real or imitation wood. The latter, used in an opera setting, are made of stucco with oil paint replicating the trompe-l'oeil wood of theater sets.

MASQUE DE FERTILITÉ, 2021
Bois brûlé (chêne)
Burnt wood (oak)
70 × 40 × 21 cm

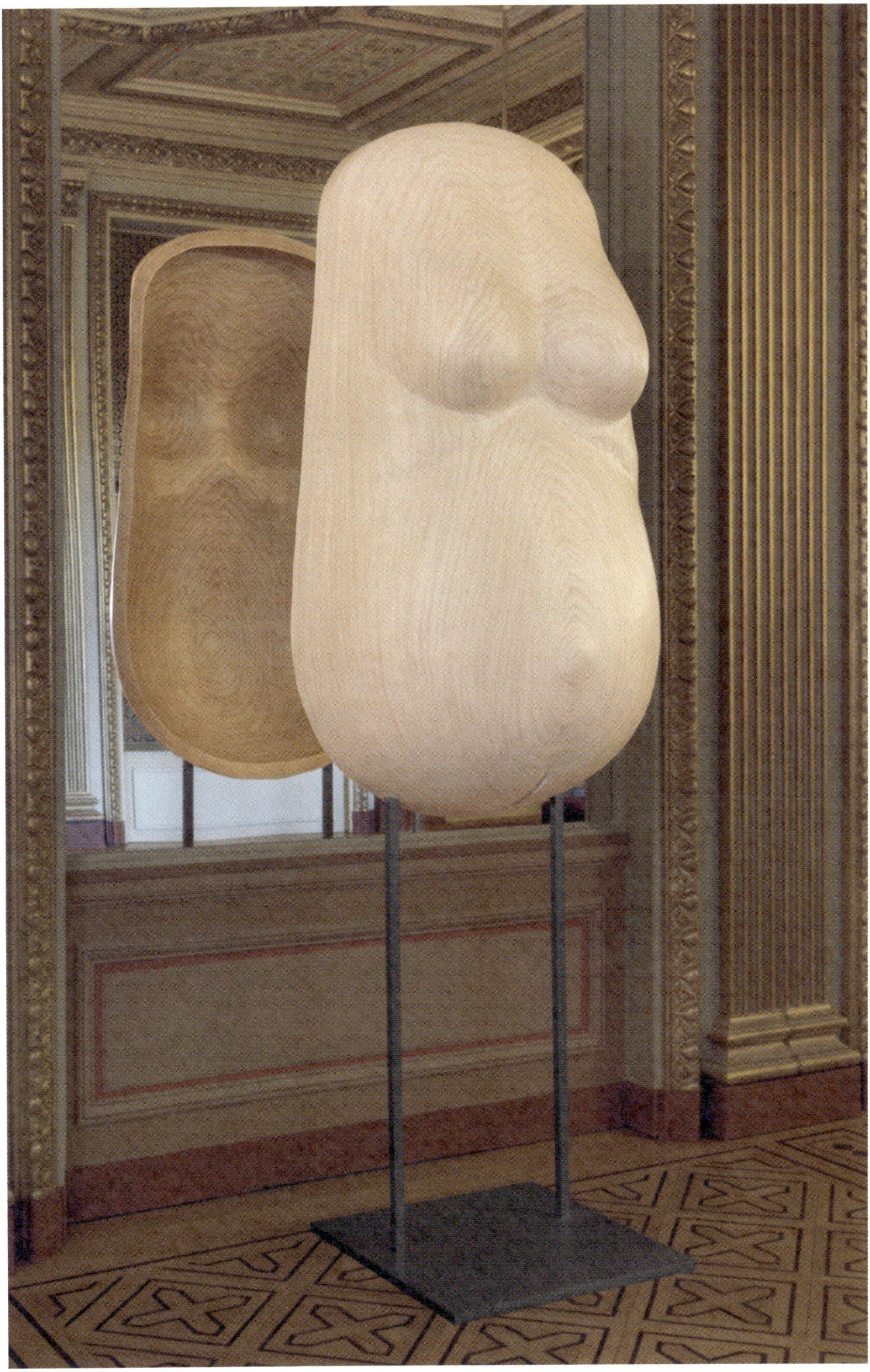

MASQUE DE FERTILITÉ #1 **(ESSENCE DE HÊTRE)**, Grand Théâtre de Genève, 2022
Stuc, peinture à l'huile en trompe-l'œil effet bois, inox et acier
Stucco, oil-painted trompe-l'oeil wood effect, stainless steel and steel
306 × 115 × 56 cm

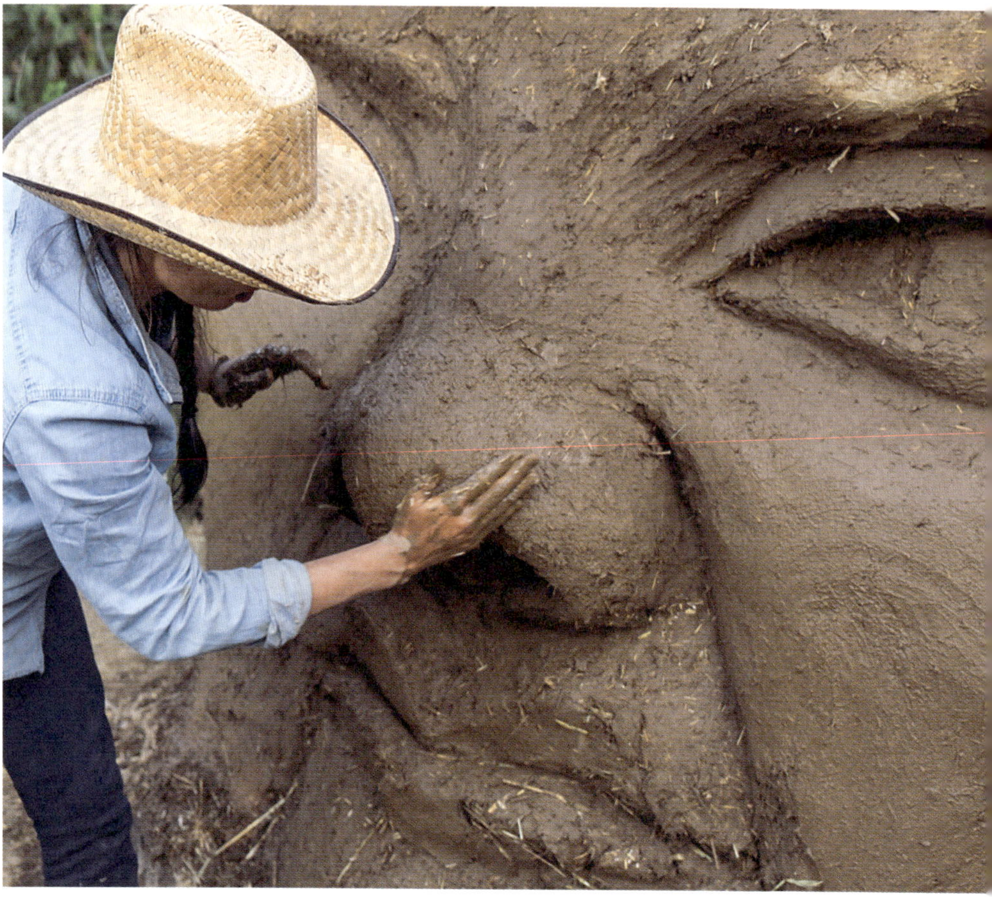

Temazcal

En 2014, lors de son exposition au musée Anahuacalli-Diego Rivera (Mexico), Prune Nourry découvre les temazcales. Huttes de sudation en terre crue issues de la culture préhispanique et symbolisant l'utérus, elles sont utilisées pour des rites chamaniques de régénération. L'artiste réalise alors, dans les jardins du musée où Diego Rivera venait boire son mezcal, une grande tête inspirée des têtes olmèques.

In 2014, during her exhibition at the Museo Anahuacalli-Diego Rivera (Mexico City), Prune Nourry discovered temazcals. Sweat lodges made of mudbrick that originated with pre-Hispanic cultures, they symbolize the uterus and are used for shamanic rejuvenation rituals. The artist then created a large head inspired by Olmec heads in the museum's garden where Diego Rivera used to drink his mezcal.

Prune Nourry sculptant le *Temazcal*, musée Anahuacalli-Diego Rivera, Mexico, 2014
Prune Nourry sculpting the *Temazcal*, musée Anahuacalli-Diego Rivera, Mexico, 2014

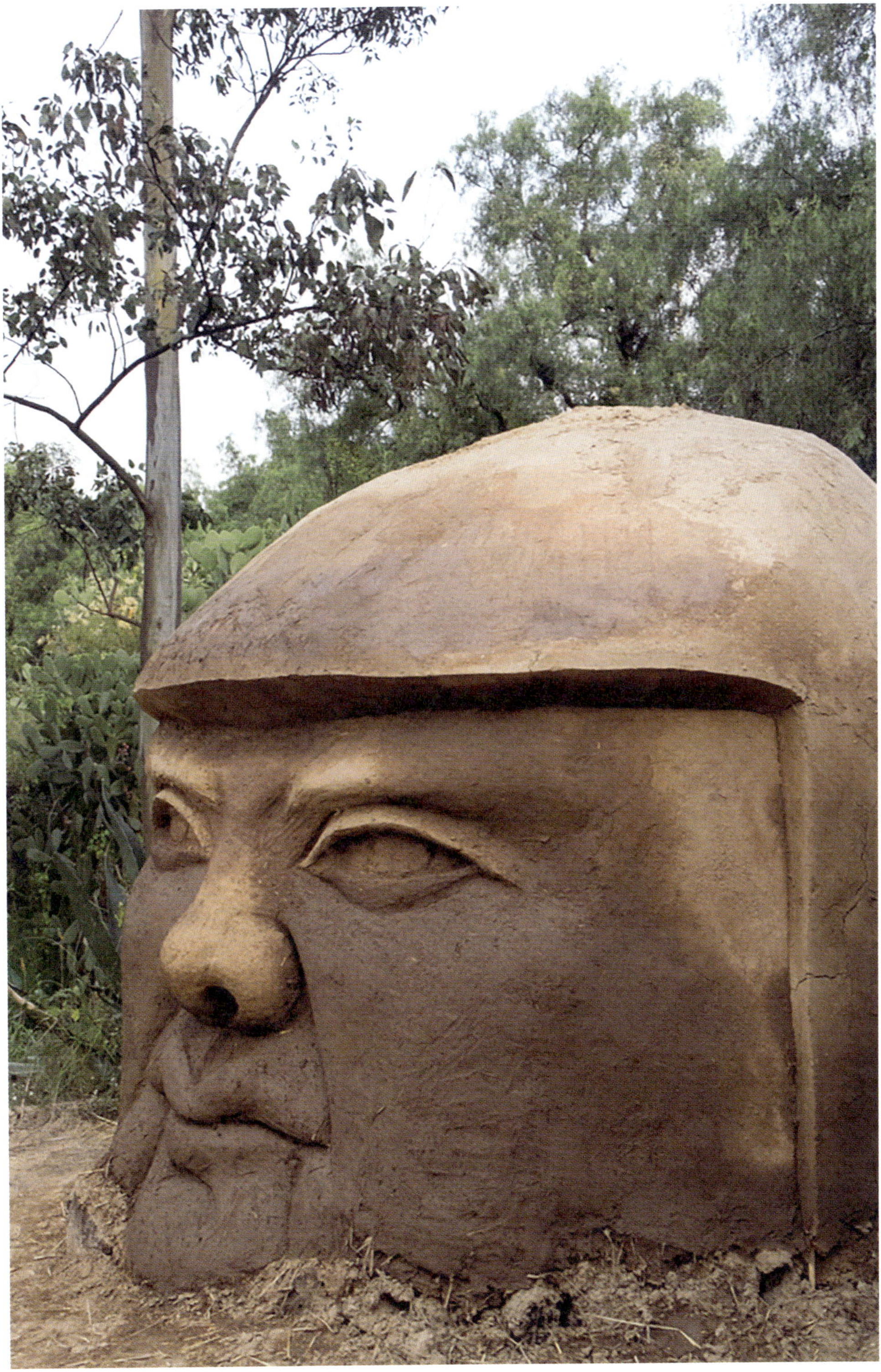

TEMAZCAL, musée Anahuacalli-Diego Rivera, Mexico, 2014
Adobe (argile mélangée à du sable et de la paille)
Adobe (clay mixed with sand and straw)

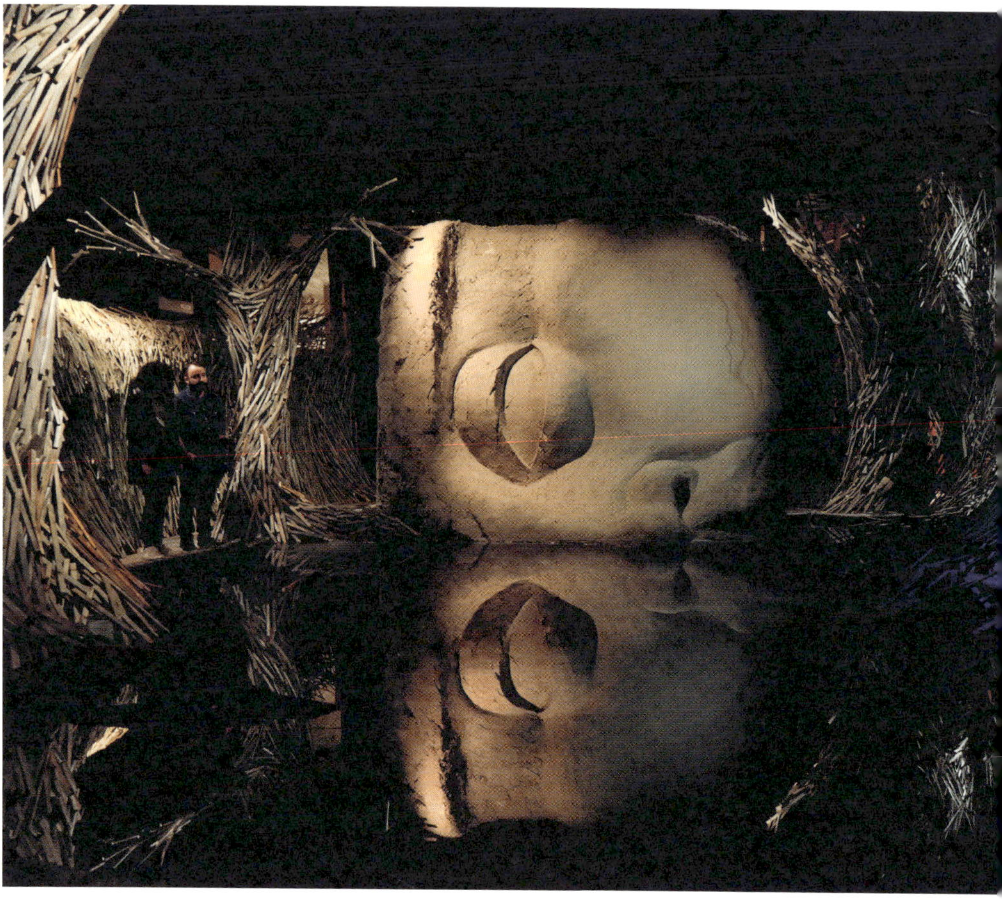

Anima

Anima est le fruit des voyages au Chiapas de Prune Nourry et de l'anthropologue Valentine Losseau. Présentée à Brooklyn en 2016, l'exposition collaborative était une plongée dans une forêt imaginaire conçue avec des magiciens et artistes. Réflexion sur la différence entre l'homme et l'animal et sur le concept d'âme, elle s'inspirait de l'histoire de K'in Obregon, Maya de la tribu des Lacandons, exposé dans un zoo humain en 1937.

Anima was inspired by Prune Nourry's trips to Chiapas with the anthropologist Valentine Losseau. Shown in Brooklyn in 2016, the collaborative exhibition was an immersion into an imaginary forest, designed with magicians and artists. A reflection on the divide between Human and Animal and on the concept of the soul, it drew on the story of K'in Obregon, a member of the Lacandon Maya people who was put on display in a human zoo in 1937.

ANIMA, The Invisible Dog Art Center, Brooklyn, 2016
Tête en adobe (argile mélangée à du sable et de la paille)
Adobe head (clay mixed with sand and straw)

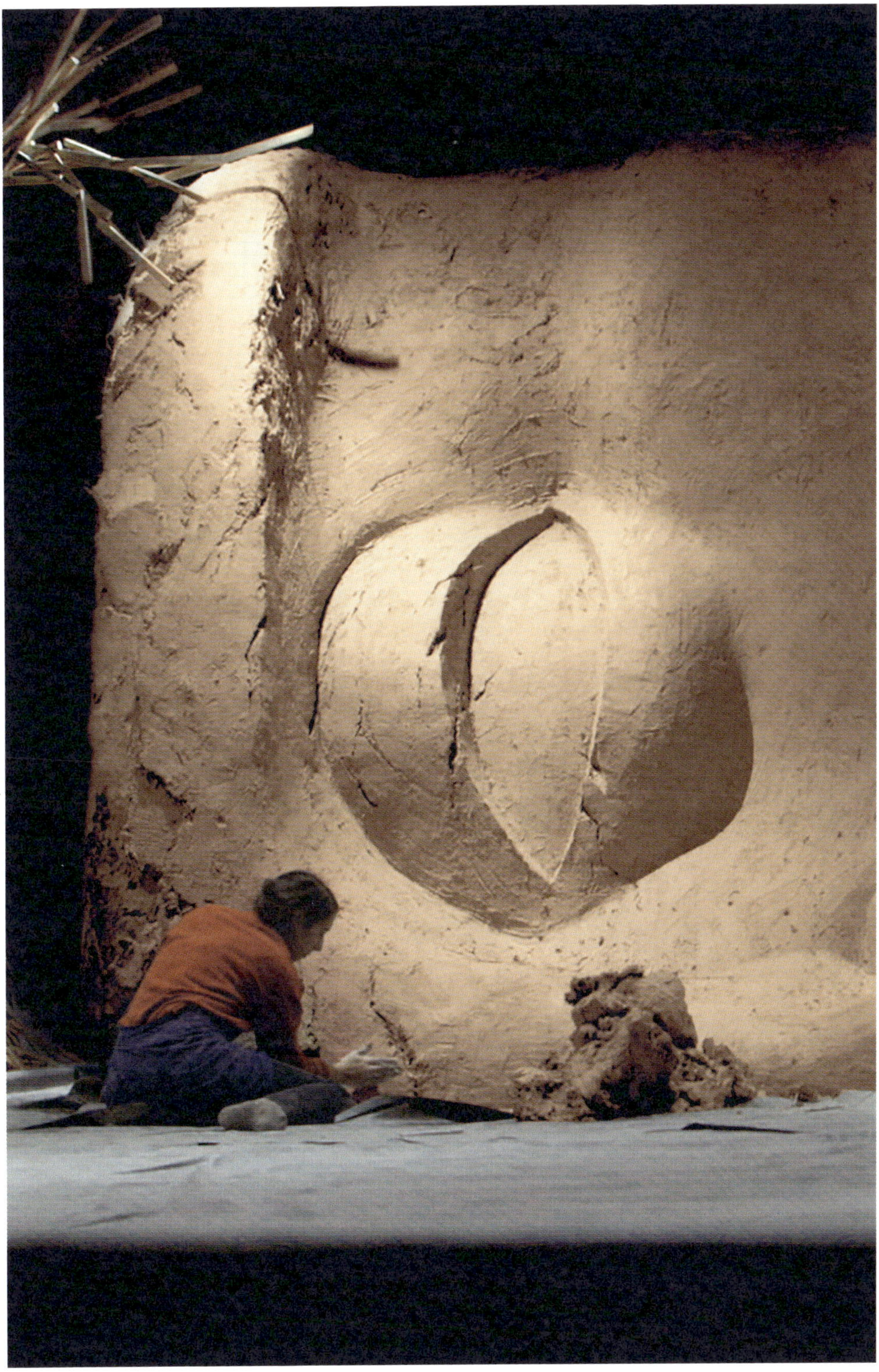

Prune Nourry sculptant *Anima,* The Invisible Dog Art Center, Brooklyn, 2016
Prune Nourry sculpting *Anima,* The Invisible Dog Art Center, Brooklyn, 2016

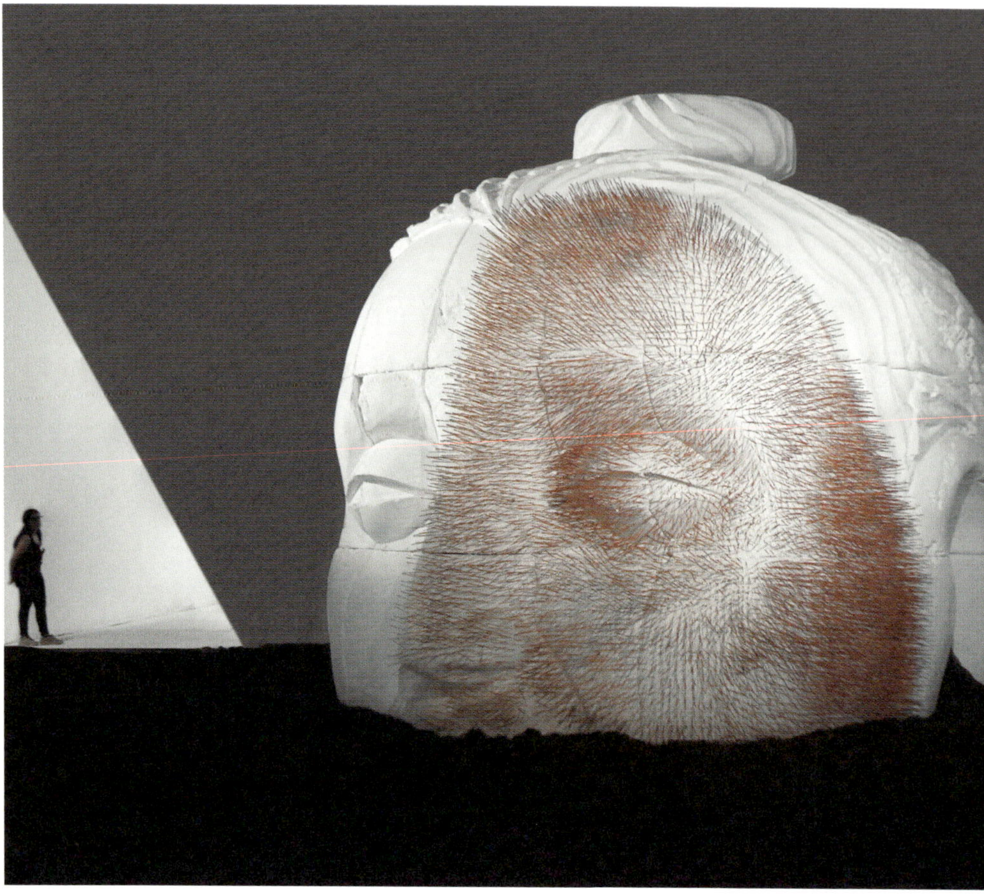

La destruction n'est pas une fin en soi

Invitée par le musée national des Arts asiatiques – Guimet à Paris, Prune Nourry présente un bouddha géant fragmenté, figure récurrente dans les différentes cultures et civilisations présentes dans le musée, et fil rouge entre elles. Cette œuvre est aussi un hommage aux bouddhas de Bâmiyân (Afghanistan) détruits par les talibans en 2001. Des bâtons d'encens sont plantés sur la sculpture comme des aiguilles d'acupuncture, et le spectateur peut entrer à l'intérieur de la tête.

Invited by the Musée National des Arts Asiatiques – Guimet in Paris, Prune Nourry exhibited a giant fragmented Buddha, a recurring figure and common theme among the various cultures and civilizations displayed in the museum. This work is also an homage to the Buddhas of Bamiyan (Afghanistan), destroyed by the Taliban in 2001. Incense sticks were inserted into the sculpture like acupuncture needles, and viewers could walk inside the head.

LA DESTRUCTION N'EST PAS UNE FIN EN SOI, Rencontres de la photographie, Arles, 2017
Plâtre, bâtons en bois
Plaster, wooden sticks
4,50 × 4,50 × 4,50 m

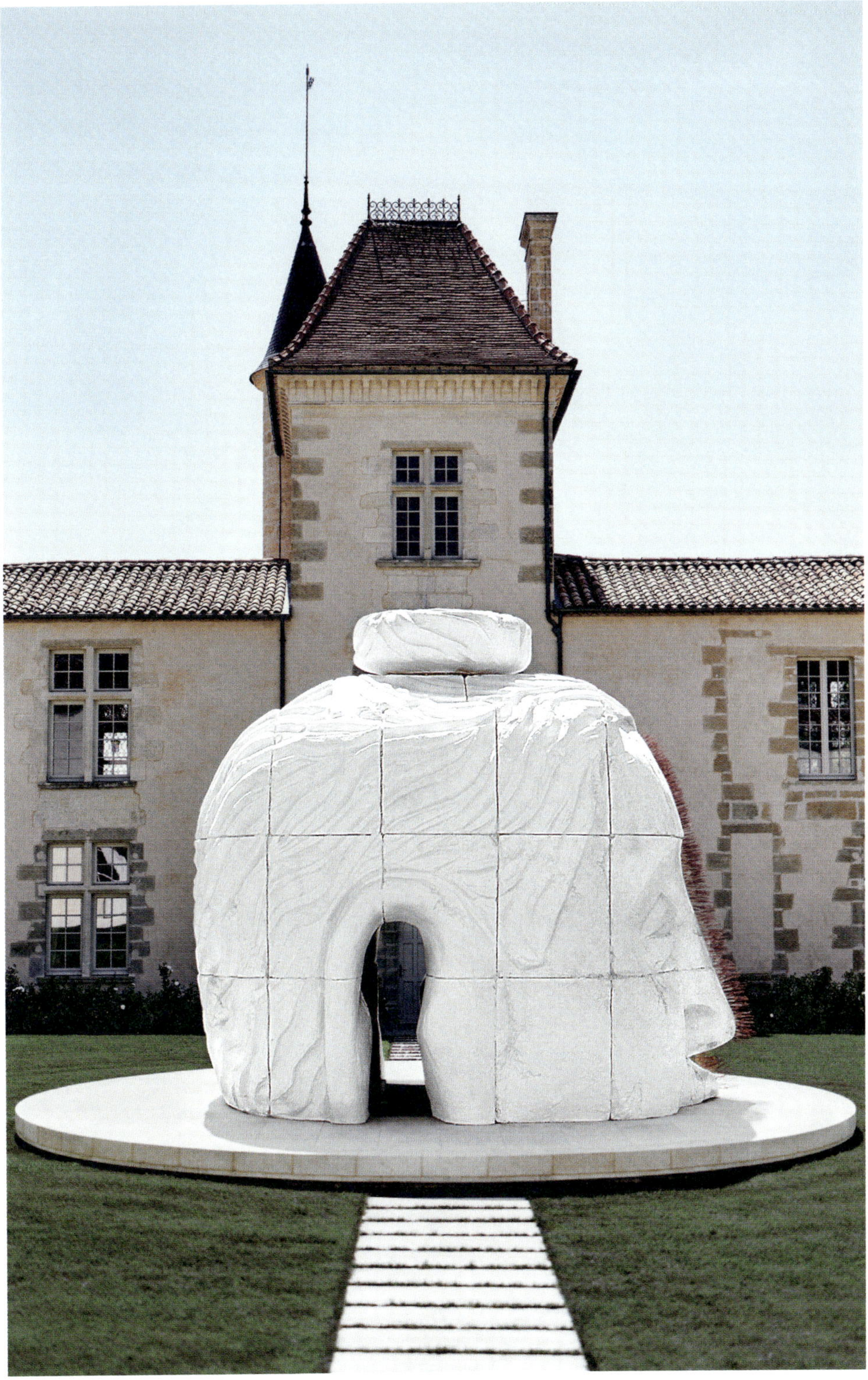

LA DESTRUCTION N'EST PAS UNE FIN EN SOI, château Malromé, Saint-André-du-Bois, 2019
Plâtre, bâtons en bois
Plaster, wooden sticks
4,50 × 4,50 × 4,50 m

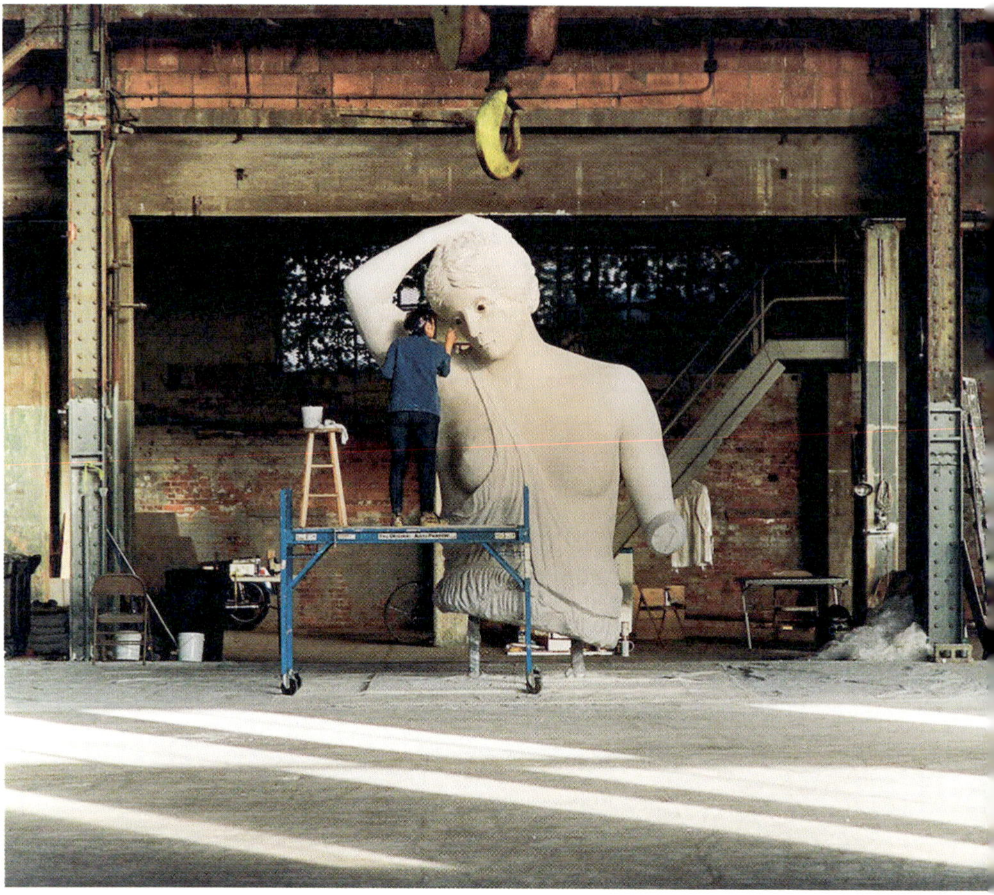

The Amazon

Inspirée par une ancienne statue de marbre du Metropolitan Museum of Art de New York représentant une amazone blessée, Prune Nourry réalise sa première amazone en 2018, une grande sculpture en béton aux yeux de verre. Imaginée comme un acte cathartique dans sa lutte contre le cancer du sein, l'artiste fait voyager l'œuvre sur une barge au milieu de l'Hudson River à New York, et invite ses proches à allumer les bâtons d'encens qui la recouvrent.

Inspired by an ancient marble statue in New York's Metropolitan Museum of Art representing a wounded amazon, Prune Nourry created her first amazon in 2018—a large concrete sculpture with glass eyes. Conceived as a cathartic act in her fight against breast cancer, the artist placed the work on a barge and sailed it up the middle of the Hudson River in New York, where she invited her friends and family to light the incense sticks covering it.

THE AMAZON, 2018
Métal, GFRC, plâtre et béton, yeux en verre soufflé
Metal, GFRC, plaster and concrete; eyes made of blown glass
3,66 × 3,35 × 2,44 m

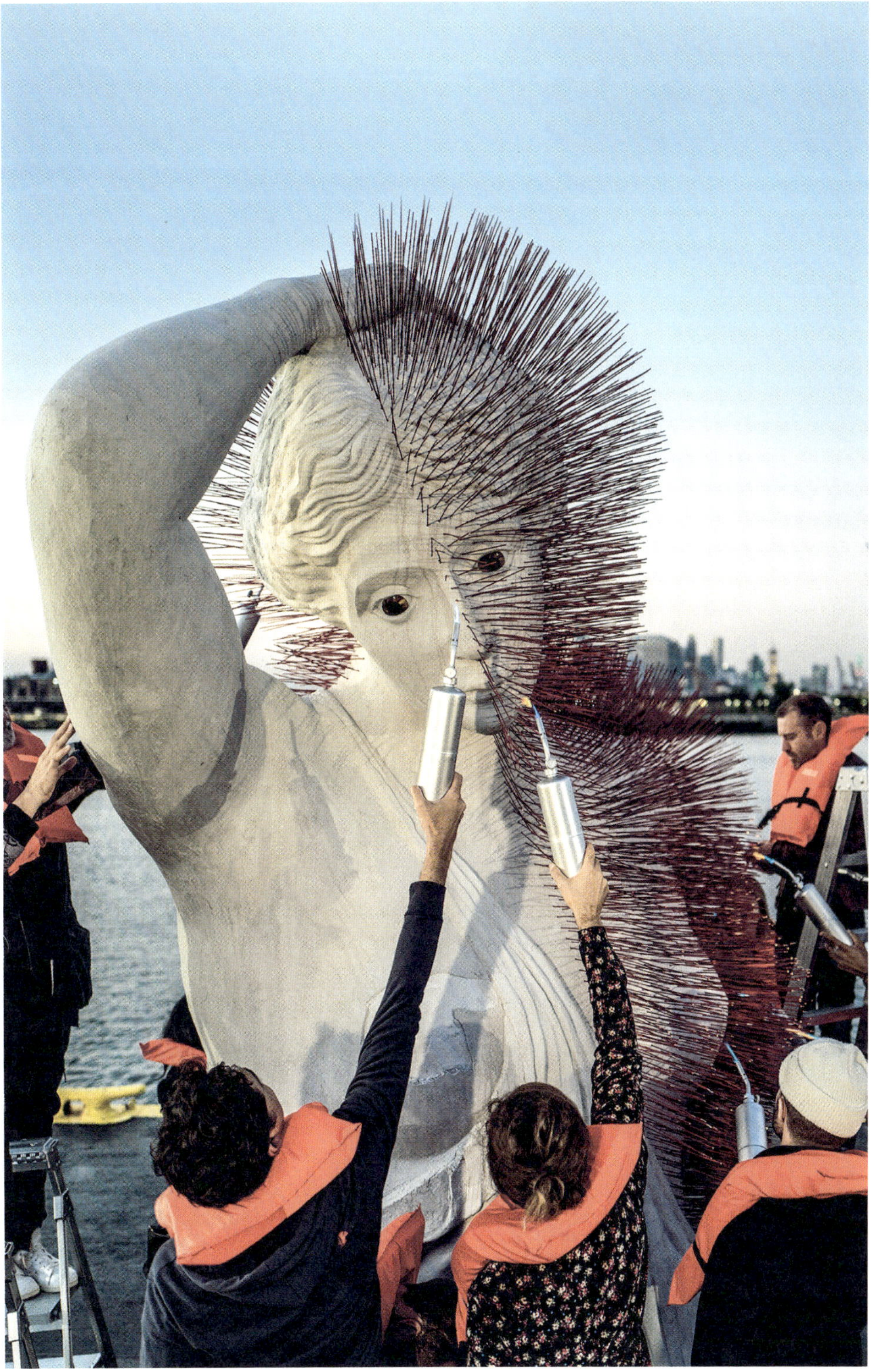

THE AMAZON, 2018
Performance sur une barge, Hudson River, New York
Performance on a barge, Hudson River, New York

BIOGRAPHIE

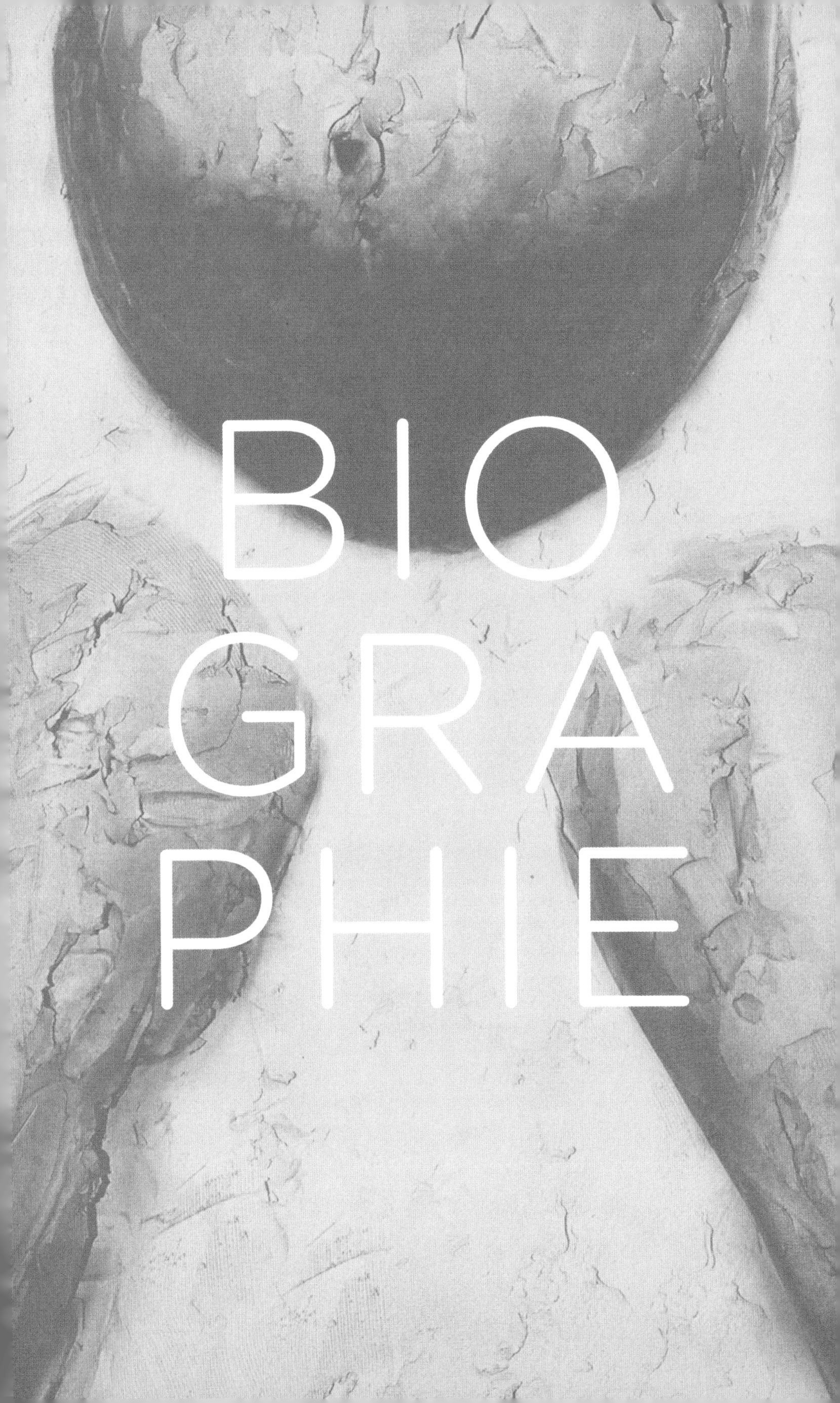

Prune Nourry

Née à Paris en 1985, Prune Nourry vit et travaille entre New York et Paris. Diplômée de l'école Boulle en sculpture sur bois, elle est représentée par la Galerie Templon (Paris – Bruxelles – New York).

L'artiste soulève dans ses projets des questions éthiques liées à la notion d'équilibre au sens large : le corps et la guérison, la variation démographique due à la sélection du sexe de l'enfant avant la naissance et les dérives scientifiques, l'écosystème et l'interdépendance entre les espèces vivantes. Sa pratique associe sculpture, installation, performance et vidéo. Elle collabore avec des artisans, travaille des matériaux divers et explore de nouvelles techniques. Les œuvres qu'elle produit sont principalement de grands volumes réalisés *in situ*, qu'elle détruit, enfouit ou met en scène dans des rituels documentés à travers la photographie et la vidéo. Ses projets sont internationaux et fondés sur des rencontres avec des spécialistes – psychanalystes, généticiens, anthropologues ou autres chercheurs.

Le travail de Prune Nourry s'étend dans le temps et l'espace. En Chine, elle crée une armée de femmes en terre cuite, inspirée des guerriers de Xi'an, projet qu'elle intitule *Terracotta Daughters*. Ses "filles" sont exposées à travers le monde entre 2013 et 2015, de Shanghai à Paris en passant par Zurich, New York et Mexico, avant d'être enfouies en Chine dans un lieu tenu secret jusqu'en 2030.

De 2016 à 2018, pendant un cancer du sein, l'artiste réalise *Serendipity*, un documentaire introspectif relatant son combat et ses projets. Après avoir été présenté au 69e Festival international du film de Berlin, ce film inaugure la quinzaine du film documentaire du MoMA (Doc Fortnight), puis est sélectionné aux programmes du Tribeca Film Festival (New York) et d'Art Basel Film Program (Bâle). Dans le prolongement, elle crée en 2019 une série d'œuvres sur la maladie et la guérison intitulée *Catharsis*, puis réalise en 2021 une installation monumentale, *L'Amazone érogène*, au sein du Bon Marché Rive Gauche. Elle est la première artiste française à être invitée à exposer dans ce lieu de l'hypercentre parisien. La même année, les éditions Hachette publient son livre *Aux Amazones*, un témoignage portant la création et la proaction comme moteurs de la guérison. Prune Nourry mêle à ce récit autobiographique des réflexions d'experts et s'adresse tant aux femmes qui affrontent la maladie qu'à celles et ceux qui les accompagnent dans ce combat.

En 2021, elle présente à la Galerie Templon à Paris une exposition intitulée *Projet Phenix*, conçue pendant le confinement. Elle renoue alors avec la tradition du portrait et de l'intimité entre l'artiste et son modèle. Elle invite huit personnes déficientes visuelles à poser dans son atelier. Yeux bandés, sans jamais les voir – ni

Prune Nourry

Born in Paris in 1985, Prune Nourry divides her time between New York and Paris. She graduated from the École Boulle with a degree in woodcarving and is represented by the Galerie Templon (Paris – Bruxelles – New York).

In her projects, the artist raises ethical questions related to the notion of balance in the broadest possible sense: the body and healing, demographic imbalance due to gender selection prior to birth and to scientific aberrations, and the ecosystem and interdependence among living species. Her artistic practice combines sculpture, installation, performance and video. She partners with artisans, works with diverse materials and explores new techniques. She primarily produces large format pieces created in situ, which she then destroys, buries or showcases in rituals that she documents in photographs and videos. Her projects are international in scope and are based on encounters with specialists, including psychoanalysts, geneticists, anthropologists and researchers.

Prune Nourry's work stretches across time and space. In China, she created an army of terracotta women, inspired by the Terracotta Warriors of Xi'an, a work she called *Terracotta Daughters*. Her "daughters" were exhibited around the world between 2013 and 2015, from Shanghai to Paris, as well as Zurich, New York and Mexico City, before being buried in China in a site that will remain secret until 2030.

Between 2016 and 2018, during treatment for breast cancer, the artist produced *Serendipity*, an introspective documentary recounting her battle and her projects. After it was screened at the 69th Berlin International Film Festival, the film inaugurated MoMA's Doc Fortnight, a two-week film festival, and was then selected for the Tribeca Film Festival (New York) and the Art Basel Film Program. She continued working with the subject of illness and healing, creating a series of works in 2019 titled *Catharsis*, then producing a monumental installation in 2021, *L'Amazone Érogène*, for Le Bon Marché Rive Gauche. She is the first French artist to have been invited to exhibit in this chic Parisian department store. That same year, Hachette published her book *Aux Amazones*, her account of creativity and a proactive approach as driving forces for the healing process. Prune Nourry combined this autobiographical story with contributions from specialists, and addressed it to women dealing with illness as well as to all those who accompany them throughout their fight.

avant, ni pendant, ni après –, elle entreprend de sculpter leur buste, à travers le toucher et l'écoute. Plongée dans le noir absolu, l'exposition propose aux visiteurs de vivre à leur tour cette expérience.

Début 2022, elle signe la scénographie d'*Atys*, opéra-ballet baroque inspiré des *Métamorphoses* d'Ovide, créé par Jean-Baptiste Lully pour Louis XIV. Cette nouvelle version, mise en scène et chorégraphiée par Angelin Preljocaj, est présentée au Grand Théâtre de Genève puis à l'Opéra royal de Versailles.

À l'automne 2022, Prune Nourry ouvre à Bruxelles à la fois une exposition à la Galerie Templon, *Infinite Arrows*, et une grande installation aux Musées royaux des beaux-arts de Belgique. À Paris, pour la Nuit blanche 2022, l'Assemblée nationale présente l'œuvre en bronze *Atys* dans la cour d'honneur du palais Bourbon.

Simultanément, elle réalise *Statues Also Breathe*, un projet collaboratif au Nigeria autour des "Chibok Girls" et des têtes d'Ife, avec le département des beaux-arts et arts appliqués de l'université Obafemi-Awolowo à Ile-Ife. L'exposition-hommage aux 108 *missing girls*, après le rapt des lycéennes de Chibok par Boko Haram en 2014, est présentée à Lagos avant une itinérance internationale.

In 2021, she created an exhibition called *Projet Phenix* at Galerie Templon in Paris, designed during the pandemic lockdown. She reconnected with the tradition of portraiture and the intimacy that is forged between an artist and their model. She invited eight visually impaired people to pose in her studio. Working blindfolded, without ever seeing the models—not before, during or after—she sculpted their busts, using her sense of touch and hearing. The exhibition venue was plunged into total darkness, and visitors were invited to experience this sensation in turn.

In early 2022, she created the set designs for *Atys*, a baroque opera-ballet written by Jean-Baptiste Lully for Louis XIV and inspired by Ovid's *Metamorphoses*. This new version, choreographed and directed by Angelin Preljocaj, was performed at the Grand Théâtre in Geneva, then at the Opéra Royal of Versailles.

In the fall of 2022, Prune Nourry installed an exhibition at the Galerie Templon in Brussels, *Infinite Arrows*, as well as a large installation at the Royal Museums of Fine Arts of Belgium. In Paris, for Nuit Blanche 2022, the Assemblée Nationale presented her bronze piece *Atys* in the Cour d'honneur of the Palais Bourbon.

At the same time, she created *Statues Also Breathe*, a collaborative project in Nigeria about the "Chibok Girls" and Ife Heads, with the Department of Fine and Applied Arts at the Obafemi Awolowo University in Ile-Ife. The exhibition-homage about the 108 missing girls, abducted from the Chibok high school by Boko Haram in 2014, is being shown in Lagos before traveling internationally.

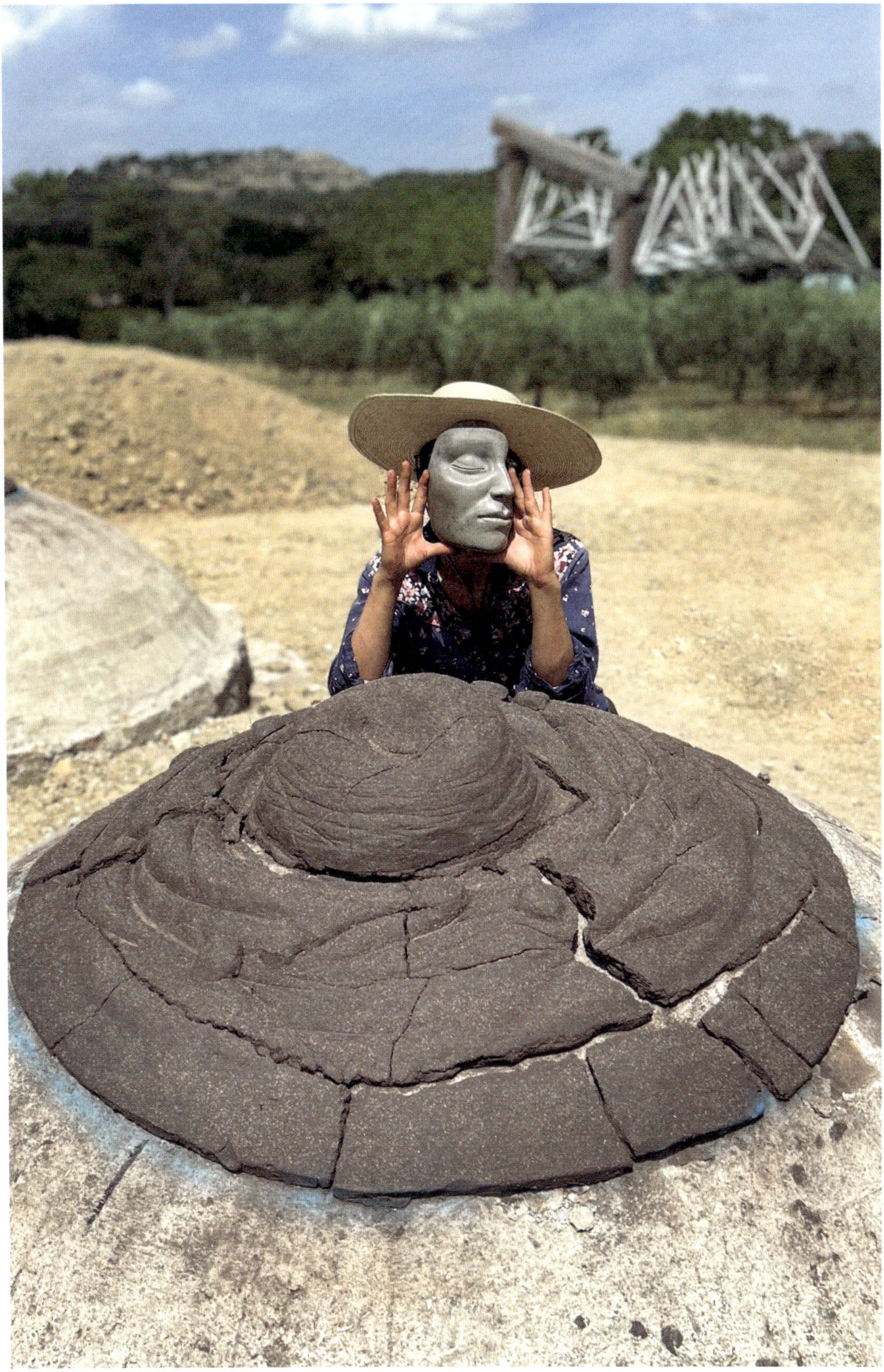

Prune Nourry photographiée par Michael Stipe sur le chantier de *Mater Earth*, Château La Coste, été 2022
Prune Nourry photographed by Michael Stipe on the construction site of *Mater Earth*, Château La Coste, Summer 2022

expositions & projets
exhibitions & projects

2022
Mater Earth, installation permanente/permanent installation, Château La Coste, Provence
Amazone érogène, exposition/exhibition, Musées royaux des beaux-arts de Belgique, Bruxelles/Brussels
Atys, installation, Cour d'honneur, Assemblée nationale, Paris
Infinite Arrows, exposition/exhibition, Galerie Templon, Bruxelles/Brussels
Atys, scénographie pour opéra/set design for the opera, Opéra royal de Versailles, Versailles
Atys, exposition/exhibition, grands foyers, Grand Théâtre de Genève, Genève/Geneva
Atys, scénographie pour opéra/set design for the opera, Grand Théâtre de Genève, Genève/Geneva

2021
Projet Phenix, exposition/exhibition, Galerie Templon, Paris
L'Amazone érogène, installation, Le Bon Marché Rive Gauche, Paris

2019
Catharsis, exposition/exhibition, Galerie Templon, Paris
Daughters, exposition/exhibition, château Malromé, Saint-André-du-Bois
Serendipity, film sorti en salles en France (mk2) et aux États-Unis, présenté au/film released in France (mk2) and the United States, screened at the Berlin International Film Festival, Berlin ; MoMA's Festival of International Nonfiction Film and Media et Tribeca Film Festival, New York ; Art Basel Film Program, Basel ; Athens International Film Festival, Athènes/Athens ; Mill Valley Film Festival, San Rafael (Californie/California)

2018
The Amazon, installation, Standard Plaza, New York
La destruction n'est pas une fin en soi, exposition/exhibition, Les Rencontres d'Arles, Les Magasins électriques, Arles

2017
Holy, exposition/exhibition, Musée national des arts asiatiques – Guimet, Paris
Contemporary Archeology, exposition/exhibition, Galerie Templon, Bruxelles/Brussels

2016
Imbalance, exposition/exhibition, Galerie Magda Danysz, Paris
Anima, installation, The Invisible Dog Art Center, Brooklyn, New York

2015
The Earth Ceremony, enfouissement de l'armée des *Terracotta Daughters*/burial of the *Terracotta Daughters* army, Chine/China
Terracotta Daughters, exposition/exhibition, Simon Studer Art, Genève/Geneva

2014
Terracotta Daughters, exposition/exhibition, musée Anahuacalli-Diego Rivera, Mexico/Mexico City
Dîner archéologique, performance en collaboration avec le chef Jair Téllez/performance with chef Jair Téllez, Mexico/Mexico City
Terracotta Daughters, exposition/exhibition, China Institute, New York
Imbalance, installation, Chinatown, New York
Terracotta Daughters, exposition/exhibition, Flux Laboratory, Zurich
Dîner archéologique, performance en collaboration avec le chef étoilé Jean-François Piège/performance with Michelin-starred chef Jean-François Piège, Le Centquatre, Paris
Terracotta Daughters, exposition/exhibition, Le Centquatre, Paris
Terracotta Daughters, exposition/exhibition, Galerie Magda Danysz, Paris

2013
Terracotta Daughters, exposition/exhibition, Galerie Magda Danysz, Shanghai
Dîner archéologique, performance, en collaboration avec le chef étoilé Mauro Colagreco/performance with Michelin-starred chef Mauro Colagreco, Galerie Magda Danysz, Shanghai
Genesis, installation et performance/installation and performance, Casino Venier, Venise/Venice
Holy Daughters, exposition/exhibition, Flux Laboratory, Genève/Geneva
Holy Daughters, exposition/exhibition, Galerie Henrik Springmann, Berlin

2012
Holy Daughters, exposition/exhibition, The Invisible Dog Art Center, Brooklyn, New York

2011
Holy River, performance, Calcutta/Kolkata
Spermbar, installation et performance/installation and performance, Crossing the Line Festival, New York
Holy Daughters, exposition/exhibition, curateur Tatyana Franck/curated by Tatyana Franck, Paris

2010
Holy Daughters, performance, New Delhi

2009
Dîner procréatif, performance en collaboration avec le chef étoilé Serge Labrosse/performance with Michelin-starred chef Serge Labrosse, Espace R, Genève/Geneva

2008 -2007
Les Bébés domestiques, performance, Tokyo
Adoption Day #2, performance et exposition/performance and exhibition, Galerie Elaine Levy, Bruxelles/Brussels
Adoption Day #1, performance, Galerie Jaguar Shoes, Londres/London

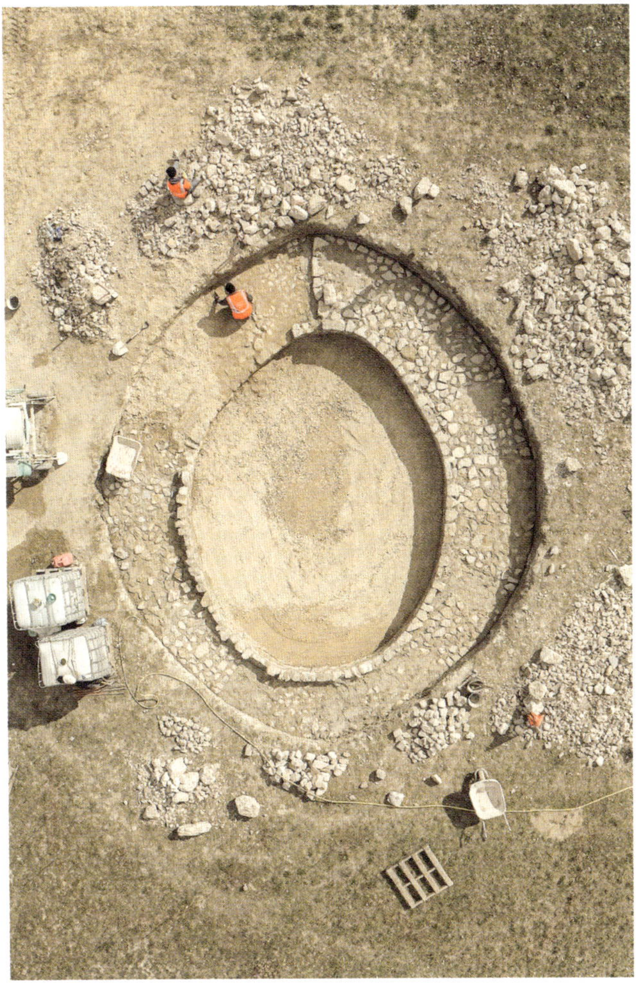

remerciements
thanks

Château La Coste :
Famille McKillen
David Magill, Mark O'Hare, Barry Smith, John Speers, Shaun Riet, Terry McCaffrey, Stephen Morrow, Kenny Morrow
Daniel Kennedy, Marie Rozet, Rémy Rivoire, Victor Knipping
Baptiste Cléroux, Régis Zunino, l'équipe de la Villa La Coste, du Mallman, de La Terrasse et du Vanina, qui nous ont tous chouchoutés aux petits oignons / The staff of Villa La Coste, Mallman, La Terrasse and Vanina, who pampered us completely
Johann Basset, Orion, Dario

Atelier Prune Nourry :
Franck Barboiron, Vincent Lorca, Victoria Commune, Maïa Dibie, Géraldine Dufournet, Chloé Gèghre, Geoffrey Goncalves, Geneviève Hasselmann, India Muël, Delphine Toutain, Fabien Barrau

MOA (maître d'ouvrage / project manager) :
David Magill, Mark, Barry, John, Shaun, Terry

MOE (maître d'ouvrage / project manager) :
Snøhetta, Craig Dykers, Elaine Molinar, Leslie Finnie
bkCLUB Architectes, Clotilde Berrou, Marc Kauffmann, Isabelle-Camille Tertrais, Émilie Spitz, Lola Garcia, Inès el Ayadi, Johanna Arnaud
Wilfredo Carazas Aedo
ATES, Ali Ltifi, Antonin Ricou
Martin Bombal Architecte, Adrien Bombal, Jean-Baptiste François, Louis-Phong Viret
SOCOTEC, Nabil Aouad, Julien Pouzet
Agence Arup, Raj Patel, Léonard Roussel

Entreprises / Companies :
amàco, Lionel Ronsoux
Art de la Pierre, Arnaud Pena, Morgane Pena, Jorge Fernando Brito de Sousa, Jose Miguel Ferreira da Silva, Hassain Mouacha, Marco Antonio de Faria Lopes, Maximino Couto Peixoto, Kuldeep Singh, Vikramjeet Sing Kaura, Jaïro Pinho Sacramento, Jose Arnaldo Silva Rocha
Archivolte, Laurent Petrone, Emmanuelle, Inoussa, Arnaud, Patrice, Emilio, Abde, Anis
Eoin Turner et Lorraine Turner
Creaform, Nicolas Grenier
Vénus et le centre équestre Les Crins de Gaïa, Charlène Andrieu, Yves Latruffe, Steve Latruffe
Carlos Nogueira
Drim 3D, Éric Ufarte
WE ARE CONTENT(S), Stéphane Aboudaram
Emmanuel Stern, Alice Mortamet
Mairie du Puy-Sainte-Réparade

Actes Sud :
Françoise Nyssen, Jean-Paul Capitani, Anne-Sylvie Bameule, Sophie Lemaitre, Marie-Amélie Le Roy, Clara Coupez, Laurence Gibert, Christel Fontes

Auteurs / Authors :
Bono, Catherine Grenier, Nancy Huston

Remerciements spéciaux / Special thanks :
Paddy SR, 98 ans, qui a gardé un œil bienveillant sur le chantier tout du long ; Marie-Jo, qui est venue soutenir sa petite-fille à toutes les étapes contre un bon dîner chez Francis ; Ali, une inspiration sans qui ce projet n'aurait pas eu lieu ; Mara, la chef d'orchestre qui harmonise dans l'ombre.
Paddy Snr., 98, who kept a close eye on the worksite throughout the entire project; Marie-Jo, who came to support her granddaughter at every step of the way, in exchange for a good dinner chez Francis; Ali, an inspiration without whom this project would not have happened; Mara, in the background, who kept the whole show running.

Crédits / Credits:
Couverture/cover, p. 11, 12-13, 23, 39, 43, 51, 53, 69 : © Atelier Prune Nourry ; p. 9, 52 : © Nadine Elfenbein ; p. 15, 18-19, 20, 21, 28, 31 (haut/top), 36, 37, 77 : © Stéphane ABOUDARAM | WE ARE CONTENT(S) ; p. 27 (haut/top) : © Wilfredo Carazas Aedo, (bas/bottom) : © Snøhetta & bkCLUB Architectes ; p. 31 (bas/bottom), 32 : © Shaun Riet ; p. 35 : © Vincent Lorca ; p. 40-41 : © Stéphane ABOUDARAM | WE ARE CONTENT(S), retouches/editing Fabien Barrau, Courtesy Château La Coste ; p. 45 (haut/top) : Jean Dubuffet © ADAGP, Paris, 2023 © Centre Pompidou, MNAM-CCI, Dist. RMN-Grand Palais/image Centre Pompidou, MNAM-CCI, (bas/bottom) : © Andy Goldsworthy ; p. 47 (haut/top) : photo Hans Hammarskiöld, "Visitors to *Hon*" © Hans Hammarskiöld Heritage © Niki Charitable Art Foundation, (bas/bottom) : DR/All rights reserved © jcfotografo ; p. 49 (haut/top) : © Wilfredo Carazas Aedo, (bas/bottom) : © Semitour Périgord – Lascaux IV ; p. 54, 60, 61, 67 : © Prune Nourry Studio ; p. 55, 58 : © Laurent Edeline ; p. 57 : © Bertrand Huet-Tutti, Courtesy Galerie Templon Paris – Bruxelles – New York ; p. 59 : © Julien Gremaud, Courtesy Galerie Templon Paris – Bruxelles – New York ; p. 62 : © JR ; p. 63, 66 : © Franklin Burger ; p. 64 : © Étienne Rougery-Herbau ; p. 65 : © Château Malromé ; p. 73 : © Michael Stipe
Pour toutes les œuvres de Prune Nourry/for Prune Nourry's work : Courtesy de l'artiste

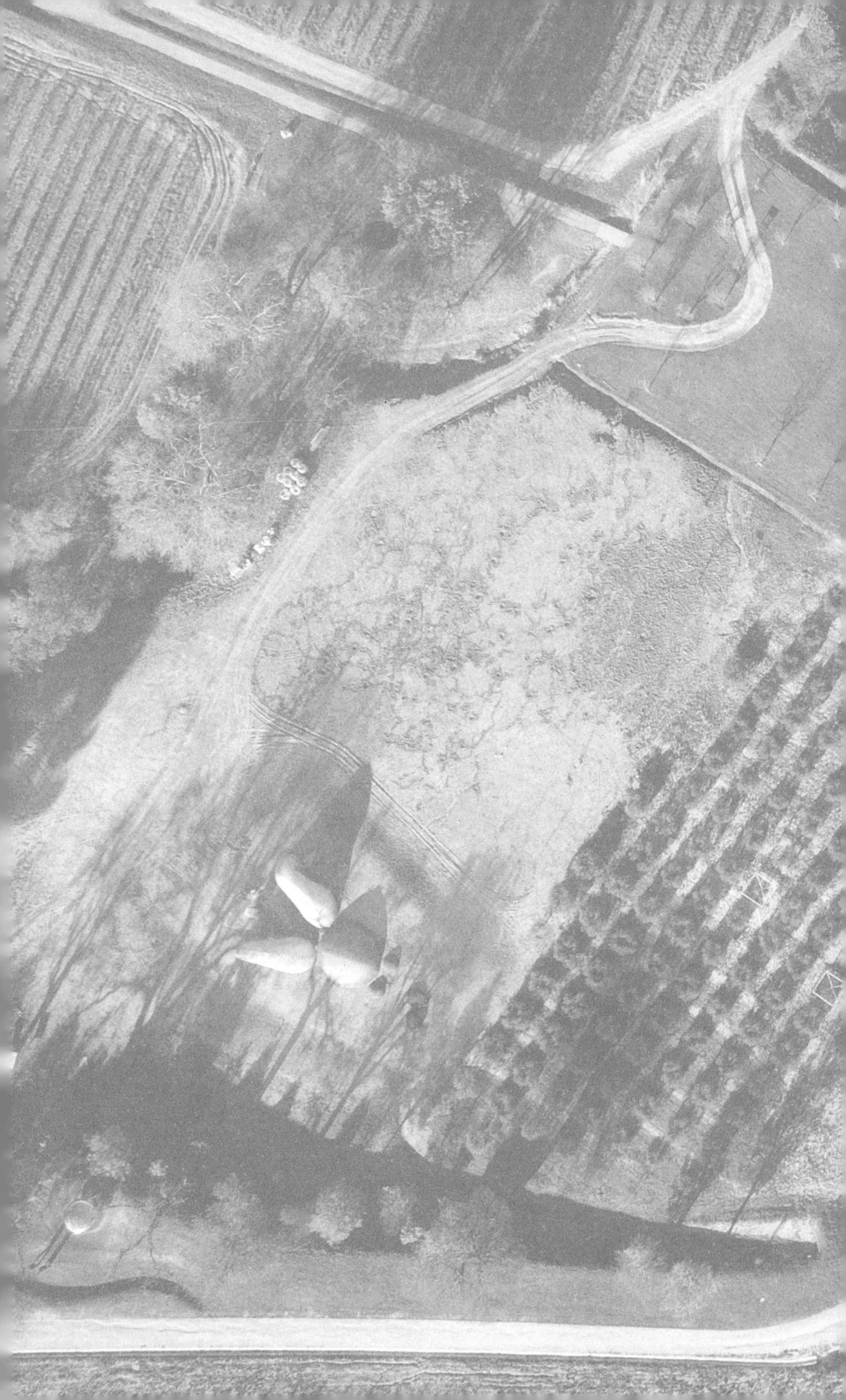